竹馬練習百科

齋藤　仁

はじめに

　突然だが、「皆さん、竹馬の専門書（本）を見た事がありますか。」と問いかけたらどんな答えが返ってくるだろう。

　おそらくは、「えっ、竹馬の本ってなかったの」とか、「そう言えば昔の遊びに類する本の内に、わずか数ページだけ載っている部分を見ただけである」等の返答が想像される。

　実は、昔の遊びの中でもあやとりやお手玉、なわ跳び、こまやけん玉等は多くの書籍が存在する一方で、竹馬について筆者が調べたところでは、どうも我が国では長い歴史上特化した専門書はほとんど見られず、正確には一冊もないと言っても良いと思われるのである。

　更に、竹馬の仲間とされている三角竹馬という道具もあるが、これに至っては参考資料もほとんどないに等しく、技も含め本となると皆無である。

　我が国の教育指針である小学校学習指導要領体育編では、平成元年度（１９８９年）から竹馬と一輪車を小学４年生まで学習する事になっており、全国どこの学校でも学習している。あれから約３０年が経過した令和の現在も継続して学習内容に入っている。

　しかし、どうだろう。平成から学習したとなると年齢的には現在二十歳代から四十歳代位の筈であるが、殆ど全員が一輪車や竹馬に乗れるようになって成人したのであろうかと考えると、いささか疑問である事は歪めない気がする。

　せっかく学習内容になったにも関わらず、乗れなくては学習が身に付いたとは言えない。
　理由は幾つかあるが、長年小学校に携わった経緯から考え合わせると、指導資料が乏しい事も影響しているのではないだろうか。それに加え、学校現場では一輪車と竹馬に関する研修は極めて少ない、体育での竹馬や一輪車にかける授業時間が少ない、そこでそれを補うかのように大休憩や遊び、家庭での練習に頼っているというような点等もあるのではないかと考えられるのである。

　学習を効率的・スムーズに、そしてみんなが分かる、乗れる・出来る、楽しめる指導法について、小学校現場でもっと論じても良いのでは、と考えている。

　教育は人を作り、国作りに繋がるとも言われている。世界の教育事情を見ると、紛争で国を挙げての教育が難しい国がある一方、先進諸国等でも、体育・運動・スポーツといった教科そのものが授業にない国も多いのである。

　こうしてみると、日本に暮らしていると当たり前のように思われる学校教育や人間教育についても、国々によって大きく異なるのである。

　そのような中、何しろ竹馬を体育の学習内容に採り入れているのは、世界中で我が国日本だけなのである。何と素晴らしい事だろう。小学校の学習内容になっているという事はきちんとした理由があるのだが、どうもそれは殆ど知られていない。

　竹馬は、非日常的な動作をする事で脳の活性化に繋がり記憶力が増すとか、危険察知対応能力が高まる、姿勢矯正を始め病気予防や各種の健康効果が大きい等と言われている。

　我が国の竹馬の乗り方は、西洋諸外国の洋式竹馬の乗り方と全く異にした乗り方をしており、古来よりの日本人独特の生活洋式や歩行スタイルがこの乗り方に影響していると考えられている。竹馬に乗ると、何百年も前の歴史や先人達の思いに触れたような疑似体験をしているのかも知れない。素晴らしい日本式（和式）竹馬を日本人の誇りとして大切にしたいものである。

　そのような思いも含め、竹馬について単なる昔の遊びを越えたその素晴らしさを、是非多くの方に知って欲しいと考え、本としてまとめるに至った。

本書では小学校等教育現場の先生方や関係機関を含め、子供から大人まで幅広い年代層に対応する為、多角的な視点から次の点を特に考慮して構成した。

○　　竹馬の歴史や、小学校での学習内容と学習カード作成の留意点や、安全管理等
○　　竹馬を行う事による効用や、竹馬の材質、適正な重さ太さ等と練習上の注意等
○　　三角竹馬の動きや技の紹介（３９種類）と発展技・関連用具や動き（１４種類）
○　　通常の竹馬の動きや技の紹介（２８種類）と発展技（１１１種類）
○　　竹馬を使った校庭や園庭等で行う乗り方（２０種類）
○　　竹馬を使っての体操（５０種類)、遊びやゲーム（１９種類）
　等、合計２８１種類を収録した。

　これらの中には、これまで先人達や、どこかの誰かがやったかも知れない名も付けられていない技や筆者自身が初めてと思われる技を含め、単に竹馬に乗るだけという観念から意識の向け方を変え、更なる進化の可能性のヒントになるよう、これまで焦点の当たらなかった動きや技等を出来る限り多く紹介した。

　各種の運動・スポーツは出来る・出来ないが誰が見てもはっきり分かり、出来た時の達成感は非常に大きく、パッと目の前が明るく開けたような、生涯忘れない体験をした人も多いだろう。

　竹馬は、手軽で簡単な道具ではあるが完全にバランスを取り続け全ての技を簡単に完成させる事は難しく、常に落下や転倒での怪我リスクも伴う運動である。
　そこで、練習上の注意の中で安全な落下や危険な落下等について項を起こして説明した。
　また、一つひとつの動きや技には、難易度を付け説明の中にどんな点が難しいか、行うとどんな感覚であるか、どんな落下や転倒の傾向があり、危険な落下状況についても例を挙げてまとめた。

　最後になるが、我が国には竹馬愛好者は多いが研究者は少なく、竹馬の専門書も見られない事から、当然専門用語がまだ確立されていない。
　本書では、一つひとつの動きや技名を現段階で適切と考え付けたものであるが、我が国の歴史上の愛称等も併記し、特徴や乗り方のポイント等を写真に説明を加え、より分かり易く表記した。

　また、竹馬用語で竹馬から落ちる状態を馬から落ちるのと同様に「落馬」であるが、これは乗馬や競馬等での落馬をイメージする事から、区別して「落下」とした。

　竹馬の構造では、竹馬を持つ上部には名称がなく、その箇所を「持ち手」とした。

　竹馬の足を乗せる場所については、「足掛け、横木、足場」と言う事もあるようだが、これについても足掛けは、鉄棒の膝掛けや足掛け上り、すもうや柔道等の足掛け技をイメージする事、横木では樹木の支えとしての横木、足場では、工事現場での足場を組むとか、足場が悪い等といった言葉もある事から、本書では「足乗せ」と称して、他と区別して表記した。

　動作や技名、竹馬各部の表記や名称等についても今後統一の必要があれば、是非これを機に話題提供として統一性を図れればと考えている。これを読まれる諸氏からの多くのご指導・ご助言を賜りたい。

　歴史ある竹馬が、新しい時代の運動やスポーツとしてその効果や価値を見直す機会となり、これまで疑問だった事や、分からなかった事、指導や乗り方のポイント等、我が国初の竹馬専門書として、少しでもお役に立てれば幸いである。

著　者

も く じ

竹馬練習百科　参考動画

QRコードをスマートフォンで読み取ってご覧ください

三角竹馬
手放し

三角竹馬
正面から背面変換乗り

三角竹馬
背面乗り前進

竹馬担ぎ乗り

竹馬物拾い

竹馬片足刺し入れ・戻し

第1章　竹馬の身体的・精神的効果

1 竹馬で「健康で安全な生活」を

　竹馬は、我が国ではとても馴染みのある昔遊びの一つであるが、現在小学校の体育科では１〜４年生まで学習する事になっている。これは、竹馬の持つ教育的効果や身体的効果が認められた証でもあると考える事が出来る。

　では、ここで竹馬を行うと体や心にどのような効果があるのかについて考えてみたい。

（１）竹馬は、非日常的な動きをするので脳が活性化される

　現代人は、歩く時に対角線を動かす手と足が反対の動作をする。

　しかし、竹馬の場合ほとんどの技や動きは、同方向の手足を動かす動作をする。

　行進等、緊張して手足が同時に動く時以外は、日常的に同時同方向に手足を動かす事が少ないので、非日常的な動きをすると脳は不自然だと感じる。脳内では小脳に関わるが、日常的な無意識に出来る動作では脳を鍛える事が出来ない。

　竹馬動作はアンバランスな非日常的な動きなので、それを意図的に行う事によって脳が活性化されるのである。

（２）平衡感覚、体性感覚等を総合的に向上させ、バランス感覚が身に付く

　人が立位・座位・側位・仰向位・腹臥位等様々な姿勢で安定している時、自覚はないが目の視覚、耳の三半規管等の平衡感覚の聴覚等と、体性感覚を総合的に働かせて神経細胞を通して、脳に信号を伝達しながら体を制御統制している。

　例えば、目を開いて片足立ちしてもふらふらしないが、目をつむって行うとふらふらてしまう、耳の内耳や三半規管は体の傾きや回転等の信号を脳に送っているが、これが弱っている人は車酔いや船酔いをする等、それぞれの器官は視覚や聴覚一つをとっても、姿勢に大きく影響している事が分かる。竹馬は、目も耳も使い感覚を研ぎ澄ませて脳に瞬時に信号を伝達して体を制御する、素晴らしい運動遊びなのである。

　では「体性感覚とは何か」というと、人の体表面には多くの感覚器があるが、その感覚器を使って自分と周囲の環境との相互関係を脳で認知している、これを「体性感覚」と言う。

　手の体性感覚例でみると、階段で手すり等を掴むのは手でバランスを取り、足を上げて階段の段差を感じて脳に伝え、体を安定させている。竹馬の場合にも足部の不安定さを握るという動作で、手の体性感覚が使われて安定させているのである。

　この体性感覚の中で、通常唯一自分の体と環境と接している部分が足裏であり、硬い、柔らかい、ぬかるみ、傾斜、凹凸等、変化し続ける床や地面の状態を常に把握している部分が足裏なのである。

脳に情報を伝える
メカノレセプター
①前足部（親指）
②中足部（横アーチ）
③体重の掛かりやすいかかと
に集中しています。

　人の足裏には、「**メカノレセプター**」という感覚受容器があり、そこは、親指と足指の付け根部分と踵の大きく３点からなり、立位姿勢ではこの３点が体全体の支えに大きく関わっている。

　老人等に見られる姿勢の特徴として、体がやや前傾して腰が曲がったようになる事が多い。

　その理由は、足裏の中で指が浮き（これを「浮き指」と言う）、重心が足裏の中央か、踵方向に掛かるようになる。す

ると、人は後ろに倒れないように自然に上体を前傾する事で転倒を防ぎ、バランスを取るという姿勢になってしまうのである。

　高齢になっても良い姿勢で歩ける人は、足が丈夫であり、足裏もしっかり地についている。足裏は、年齢と共に足底筋が弱ったりして、形が変わるとされ、更にこの部分が弱ると体を支えられなくなり、不自然な負担の掛かる姿勢となり、肩こりや腰痛等の多くの症状を引き起こす。それほど、足裏感覚受容器は非常に重要なのである。

　竹馬の場合、常に変化する重心移動や傾きを把握し、爪先重心で乗る事と足裏を支持している面が通常の立位時より減少している事で、常にバランスを維持しようとメカノレセプターを活性化させ、バランス感覚を強化する事が出来るのである。

　このメカノレセプターは10歳前後までが最も形成が顕著である事が分かっている。その事から、このメカノレセプターで足裏体性感覚や、バランス感覚を養ったり鍛えたりする為、小学校体育科で小学校1～4年生まで竹馬を学習するのである。

　我が国の体育教育が健康教育も考慮した、世界に誇れる素晴らしい一面である。

　もう一つ、このメカノレセプターが脳と関連している例で、長時間正座していざ立って歩こうとすると、足がしびれて足裏全体が畳に付かずに倒れたり、しばらく動けなくなったような経験をした人は多いだろう。

　正にこの時、足や足裏体性感覚受容器が鈍って脳に正常に伝わらない状態になり、自分の足なのに自由に動かせない、という事が分かる例なのだ。

　実は、このメカノレセプターの足裏感覚受容器は、正座の時だけでなく使わないと退化したり機能低下したりしてしまい、成人であまり運動をしなくなった人、入院しベット生活が長くなった人、寝たきりになった人や老人等は、更に退化が進むのである。

　また、健常と思われる成人女性ではハイヒールが浮き指の原因とされており、足裏体性感覚のメカノレセプターが正常に使われず、体全体の筋力や骨、姿勢等に大きく影響し病気や体の歪み、痛み等を引き起こす誤作動をしているとされる。

　近年の調査では、何と小学生の約半数は浮き指である、という報告もされており、身体的・精神的にも健康を害していると言われている。これは、他人事ではない。

　「健康は足から」と言うが、「健康は足裏から」と言い換えても良いだろう。

（3）握力や腕力等の筋力が向上する

　竹馬の場合、握力がないと持っている竹馬がくるりと回って落下してしまう。竹馬はほとんど握ったままである事から、握力は重要でそれを腕の筋力で支える事になり、握力と共に腕の筋力強化にも繋がるのである。

　また、微妙な力加減で手で竹馬を握り、安定させて竹馬に乗っている時は、脳に正しく伝令を送り続けており、それが脳と手の体性感覚神経伝達も鍛える事にもなるのである。

　更には、乗り続けて姿勢を保つ為に背筋やお尻の筋肉、脚の各部等体全体の総合的な筋力もかなり使う事になり、自然に体力も向上するのである。

（4）姿勢が良くなり、体幹が鍛えられる

　初心者は、竹馬に乗った時に視線や視界が変わり、高い位置で体全体を点で支え、前に重心を掛けた時に倒れてしまう事を怖がる為、腰が引けて乗ると言う初めての感覚を経験する。

　竹馬に慣れて正しく乗れるようになると、怖さもなくなり、爪先立ちを保持し、体がまっすぐに伸び自然に良い姿勢となる。竹馬の練習を通して正しい重心や姿勢に気付き、感覚的にも姿勢矯正に結び付くのである。

また、視線もほぼ正面を向き、首や頭までもまっすぐになる。爪先立ちになると、背筋を始めふくらはぎや大臀筋、つまりヒップアップにも繋がり体幹も鍛えられ、しっかりとぶれない体幹・体作りが出来るのである。

（5）危険回避能力が向上する

　竹馬から一度も落下した事がないと言う人は、まず一人もいないだろう。

　乗れない初心者の時から何回もの落下を経験し、その経験や練習過程を通して徐々に技が向上して竹馬でバランスを崩して落下や転倒をしても、安全な落下や転倒の仕方を身に付け、大怪我に至らず擦り傷程度ですむようになる。

　また、瞬時に危険を察知すると同時に判断を下し、安全な体勢で竹馬から降りたり、放したりも出来るようになる。例え転倒するように落下したとしても体を保護するような体勢で、怪我を最小限に抑える事等も期待出来る。

　このように、危険予知・察知能力や思考・判断・決断力等も向上する。これは前述した、脳内の大脳と小脳の活性化にも繋がっている。また乗れるようになった動きは海馬に記憶され、生涯忘れないとされる。

（6）練習場所の安全や道具の自己安全点検の能力が身に付き、道具を大切にする心が育つ

① 　練習時は、次第に周りとの距離感を保って練習するようになる。

　ある程度長い距離を練習する時は、場の広さによってはコース等を設定したり「今から行きます。」「少しあけて下さい。」等の声掛けや、みんなで見守り、アドバイスや共に教え合ったりする等の友達との交流や協力が出来るようになり、練習の仕方について考えたり理解したりと、安全への思考・判断力等が次第に身に付く。

② 　用具の自己点検・報告が出来るようになる。

　使用前・使用中・使用後に竹馬のぐらつき、足乗せ部分の下がりや緩み、竹馬の上下部のひび割れや持つ部分の滑り、竹馬下部の減りやカバーの剥がれ等安全面の管理や自己点検も出来るようになり、技能の向上に伴って使用する道具も大切にする公共心や、安全への関心・意欲・態度等も育つようになる。

（7）精神的な効果が期待出来る

① 　目当てを持って練習を積み重ねる事によって、自己目標と練習、課題克服、修り改善、達成という一連の活動から関心・意欲・態度が向上し、やる気を持って取り組むようになり、練習への創意工夫や粘り強さ等も身に付くようになる。

② 　自己の健康や体力について関心を持つようになり、明るく元気で、積極的、活発な性格に変わり、行動的になる事が期待される。

③ 　自分が出来る事で自信が付いたり、友達に教えたり、みんなで声を掛け合って練習したりする事により、協力や協調性も高まり、一人ひとりが成長したり、集団としても課題解決や克服に向かって共に高め合う姿が期待出来る。

　どの項目一つをとっても、竹馬を行う事による健康や安全、精神面での効果は大きい。これらを見ても、ただの子供の遊び道具の範疇を明らかに越えている事が分かる。

　子どもだけでなく、大人の方も是非昔を思い出して、易しい動きや技から竹馬に乗って体と心を見つめ直してはいかがだろうか。

第2章　竹馬の歴史と生活の関わり

1 竹馬のルーツと日本の竹馬の変遷について

（1）竹馬の語源と日本での竹馬の始まり

たけうま
《『菁莪集』より》

　竹馬の語源は、中国の漢末から東晋までの時代に人物を中心とする逸話集「世説新語」（5世紀）の中に、初めて記されている。

　その中に、「竹馬」とは『笹竹を馬に見立てて股の下に入れ走り回る遊びである』と記されている事から、竹馬の語源は中国にあると言えるだろう。

　では日本での始まりはと言うと、中国同様子供達が竹に跨がって遊んでいる和歌が平安時代（10世紀頃）にあり、その前後だと思われる。

　跨がって遊ぶ竹馬のルーツの他、もう一つ竹馬に関連する事がある。室町時代に長い二本の竹幹に横木をくくり付け、両足を乗せて竹幹の上端を握って歩行する遊びがあり、これも「竹馬」と呼ばれるようになったものだ、と言われている。

　ところで、何故竹なのかと言うと、竹が中国から持ち込まれたのは縄文以降であるが、当時は「竹は古代より繁栄に繋がり万代を契るもの」として人々の間で珍重され、神の依代としても神招きの祭具としても神事に欠かせないものであったとされている。そのような理由から、戯れの遊具として使用する事はなかったと考えられ、文献記述にもほとんど見られない。

　しかし、万葉の時代から平安期前後になると、竹の信仰的な意味が次第に失われて来たと思われる事と、竹の自生がほぼ全国的に広がって来た事もあって、儒学者・大蔵善行の「雑言奉和」（延喜1年・901年）の中には、子供が笹葉のついた一本の生竹を跨いで遊んでいる様子を詠んだ〈竹に騎りて遊ぶ童〉の中の七言の一首がある。

　どうもこれが、我が国で古く竹馬と呼ばれた「笹竹の竹馬」の可能性が高いようである。（右上図）

　中国では前述のように「後漢書」に既に記述があり、語源と遊びとして極めて古い。その頃我が国日本は弥生時代であり、古来日本には馬がなく中国大陸のモンゴル辺りから朝鮮半島を渡って古墳時代四世紀以降入ったとされる事から、日本独自の伝播ではなく中国や朝鮮等の影響も大きいと考えられるが、起源も含め正確には未だよく分かっていない。

（2）現在に至るまでの竹馬の変化

　平安時代以降、竹馬は江戸時代に入って遊びや道具として改良され、馬の頭を模した飾り、練り物で出来た馬の頭や板製の馬の首に似た物を取り付け、その下にはくるくる回るような車等を付けて「春駒」として受け継がれて来た。現在も全国各地に郷土玩具として残っているのである。

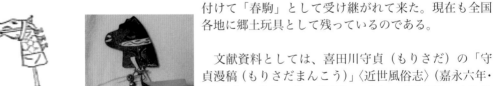

　文献資料としては、喜田川守貞（もりさだ）の「守貞漫稿（もりさだまんこう）」〈近世風俗志〉（嘉永六年・1853年・八十二巻・遊戯）の中に、〈江戸制ハ太也竹馬ト云ズ春駒ト云〉と記され、図としても残っている。（図左）

　現在では、この春駒を忠実に復刻再現した民芸品等もあるようである。（写真右）

春駒『守貞漫稿』より

文献の春駒から　　　　**復刻した春駒**

4

また、「守貞漫稿」〈近世風俗志〉には、「江戸で竹馬と言うのは 7、8尺の竿に縄を持って横木をくくり付け、足かかりとする」と示す図がある。（図左下）
　それは、現在の竹馬と同様として描かれており、これらの事から我が国日本の現在の竹馬は江戸末期には完成されていたと考えられ、今に受け継がれている。（写真中・右・下）

守貞萬稿の竹馬図

江戸末期から明治初期頃の竹馬遊び

大正から昭和初期頃の竹馬遊び

　時代が前後するが、室町時代１５世紀の絵巻「福富草子」の挿絵には「木製の２本足の竹馬」が描かれ、大正時代に至るまでこれを「高足（たかあし・こうそく）、鷺足（さぎあし）」と言った事から、これは田楽（でんがく）の高足の変化したものと推測される。鷺足とは、鷺が田で片足で休む様子から鷺足とした。（写真右）
　江戸時代後期１７世紀から１８世紀の喜多村筠庭「筠庭雑考」では、「１本の棒に付けた横木に両足又は片足を乗せて飛び跳ねたり、厳かに演じたりする田楽の芸がある」という記述がある。（右図）
　「田楽」とは、平安時代中期９世紀に成立した田植え前に豊作を祈り、神社で行う伴奏や舞踊の事で、現在でも全国各地に田楽が受け継がれ残っている地域がある。
　鷺足も日本の竹馬のルーツの一つではないかと考えられ、高くして乗ると言う事に於いては、竹馬に深く関連する項目と考えて良いかも知れない。

片足の鷺　　　田楽の鷺足

（３）「竹馬の友」とは、竹馬とどんな関係にあるのか

　竹馬という語彙でよく知られている中に「竹馬の友」という言葉がある。
　これを辞書で引くと、①幼馴染み（おさななじみ）②ライバル、と記されている。ところで、この「竹馬の友」の語源はどこで、本来は一体どういう意味を表す事なのかについて紹介したい。
　この語源となったのは中国の後漢時代（１～２世紀）に、殷浩（いんこう）という後の北伐の司令官と、恒温（かんおん）という皇帝を狙う位置まで昇りつめた二人の幼少時の話から来ているのである。その話とは次のような内容である。
この二人は闘争心が強く、ある時恒温が民衆に向かって幼少時の話を引用し「自分の捨てた竹馬を殷浩は拾って乗っていたので自分の方が上だ」と言ったとされている。
　竹馬に跨がって乗り、競争する遊びの「竹馬の友」でも、時には気が合わない事もライバル心もあるという意味で使われるようになり、男性同士に使われる言葉であるとされている。
　尚、この場合「ちくば」を「たけうま」とは間違っても読まないので注意したい。
　我が国は、古来より文化や様々な分野において中国を真似たり強く影響を受けたりしており、この言葉も中国から伝来し日本にも定着して受け継がれたと考えられる。

（4）生活における竹馬の利用

　竹馬は遊びとしての一面だけでなく、生活道具として実用的側面もある。

　例えば、沖縄の久米島と奥武島の間では「渡洋中学」（写真左下１９６６年頃）海を渡るのに２m以上の竹馬を利用していた事や、他にも湿地や橋がない場所では川を渡るというような時に竹馬を日常的に使用している時代や地域があったようだ。

　近年でも農業等の樹木の手入れや採り入れ等に利用する例も報告されている。これらは、前述の「高足」「鷺足」に類するものと考えられる。（写真右下２種）

沖縄の海の浅瀬を竹馬で渡る中学生　　　　　**青森ホップ農園の竹馬利用高所作業**

２　海外諸国の竹馬について

　海外諸国では考古学的な調査文献から、紀元前６世紀まで古代ギリシャで「コーロバスロン」という竹馬のような器具が使われていた事が判明しており、現在これが最も古い竹馬ではないかと考えられている。一見して、我が国の竹馬に近似している。

　しかし、残念ながら現在ではその形状の竹馬は見られない。（下写真左）

　また、それからかなり後の１８世紀中世ヨーロッパでは、我が国同様馬の頭を付けた棒のような物に跨がって遊んでいた、という記録が見られる。（下中図）

　現在中国のモンゴルチベット等小数民族間には、足乗せ部分こそ袋状ではあるが、我が国とほぼ同様の乗り方をする「高脚」という竹馬が残っている。（下写真右）

古代ギリシャの竹馬と思われる　　　**１８世紀ヨーロッパの**　　　**少数民族伝統体育運動会より**
絵が描かれた壷　　　　　　　　　**竹馬遊びから**　　　　　　　**女子高脚競速・２００８年**
　　　　　　　　　　　　　　　　　　　　　　　　　　　　　　　　　中国貴州省・貴陽市

　１８世紀以降、我が国日本とは利用の仕方や乗り方に違いが見られるようになる。我が国では、子供の遊び道具としての要素が強い一方、海外諸国は子供から大人まで生活の道具としての利用やお祭り時等の利用が多く見られる。

　海外諸国の竹馬利用や乗り方についてまとめると、次のようである。（次頁）

＜ 海外諸国の竹馬の乗り方と利用の特徴 ＞

（1）靴や下駄の延長のような形状で高下駄のように履いたり、くくり付けたりして使う。
国や地域によっては乗る際竹馬のバランスを取る為に一本の棒等も使う事がある。
（2）足場・足乗せが小さく内側に付けられているものや、足を固定して乗るものが多く、
乗る際は竹馬を横や背面で持って乗るという動作をする。
（3）湿地帯の移動等、生活上の道具として使う。
（4）郵便配達や羊飼い、屋根の修理、果物の収穫等、生活や仕事の道具として竹馬を利用
する。
（5）現在でも、竹馬に乗ったまま体や竹馬を駆使して、相手を竹馬から落とす竹馬すもう
や踊り等を、伝統的に祭りの一つとして行っている国や地域がある。

次に我が国と海外諸国の竹馬について、形状や乗り方の違い等を図や写真で紹介する。

＜ 生活の一部として使用する諸外国の竹馬 ＞

警 備

羊飼い・フランス

郵便配達

横から持ち、内側に乗る

南米の竹馬乗り

中国・満州の旅芸人の竹馬踊り

＜ 民族の特徴的な生活の道具として利用する竹馬 ＞

高山系民族

竹馬と杖を使って乗る

　前項で、我が国も海外諸国でも木に馬の頭を付けて跨がったりして遊んでいた、という所辺りまでは同じだと述べた。
　では、いつどのようにそれぞれ竹馬の乗り方が変化していったのだろうか、またその理由や根拠は何かについても、例を挙げて考えてみたい。

（1）日本の竹馬の乗り方が半身・ナンバで、爪先重心である理由

　我が国の竹馬の乗り方はなぜ二本の棒に足を付けて、竹馬を前に持って重心を爪先に置き、足と手が同方向を出して歩く「半身」の動作で行っているのか、これを正確に解明するのは難しいが、次に関連すると思われる有力な説を幾つか紹介する（※「半身」とは体を開き、同じ手と足を出す動作の事）。

　一つ目は、我が国古来からの農耕民族としての農作業姿勢との関連である。（写真下）
　天秤棒等での移動や物の運搬、農作業時の姿勢を見ると、古来から半身で手と足が同じ動きで田畑の作業をしていたとする見方である。確かに半身になると、前に出す手と足は常に一定の同方向でぬかるみ等に有効である。農具を持ったりした時に手と足が反対だと振りかぶって下ろすと、持っている棒が足や体にぶつかる事になる。

農作業に天秤を使う

田んぼの作業

　二つ目は、かごかきや行商人の天秤棒、飛脚等も「半身片踏み」である。（写真下）
　特に、飛脚はかつては「ナンバ走り」といって、飛脚棒を担ぐと片手と一方の肩や上半身はほぼ固定して動く。現在のように手と足を動かして走ると飛脚の担いでいる棒は左右に大きく振れてすぐ疲れてしまう。ナンバ走りでは、手はほんのわずかしか振らず足と同方向を出すので上半身の捻れが少なく、疲れも少ないというのである。竹馬も手と足は同方向で動き、半身なので上半身と下半身の捻れは少ない。
　このナンバの元は「常の足（つねのあし）」と称し、平安から鎌倉時代頃にはすでに修験者や山伏、甲賀忍者らの修行秘伝内に、体を操る極意として疲れにくい歩き方や走り方の項目が見られる。彼らにとって全国を移動するに当たり、疲れないで歩いたり、走ったりする事は重要であり、前傾姿勢でほとんど手を動かさないか、足に合わせて小さく同方向に軽く腕を動かすという「常の足」の重心移動動作で、現在の距離に換算して一日150km近くを

町かご

行商・天秤かつぎ

飛脚

走ったというから驚きである。古来日本人のこれらの理論は、現代科学や運動力学等に照らし合わせても理にかなっている事が分かる。

　三つ目は、この「ナンバ」という動きや走りの語源の一つとして難所となる場所の「難場」から付けられたという説で、例えば登山や多くの階段を上って疲れた時等に、膝の上辺りに手を添えて「よっこいしょ」や「どっこいしょ」と、手で足を押す動作を見ると、膝上に同方向の手を付くのが分かるだろう。（写真右）

難場動作

　ナンバのもう一説に、江戸時代までは我が国ではナンバ歩き、ナンバ走りが当たり前だったが、南蛮（なんばん）人が渡来し、現代人と同様に手と足を対角線で大きく動かして歩くのをおかしく思いそれが訛（なま）ってナンバンがナンバになったという説もある。

　当時我が国は、着物を日常とし袖も大きく垂れ、履き物も草履や下駄である事等から考え合わせると、動作として大きく腕や手を振ったり、足を大きく出して歩いたりする事はあまりなかったのは間違いないだろう。

　では、ナンバ歩き・ナンバ走りは現在何故なくなったのかと言うと、明治時代に入り、洋服を着て靴を履くようになった事等とも関連があり、西洋の物は良いのだという風潮に加え、明治新政府の軍隊が作られた時に指導したのがフランス式で、その時足を高く上げ腕も大きく振るという訓練がされたが、どうしても同方向の手と足を高く上げてしまい、西洋式の歩き方が中々身に付かず指導が大変であった事が記されている。

　生活全般に西洋化が進んだ事で、次第に日本式のナンバ歩きは忘れられていったのではないか、という説である。

　しかし、その一方遊びとしての竹馬の乗り方は昔の名残として、現在まで受け継がれているというのである。

　四つ目は、江戸時代までの武家作法に小笠原流の歩き方というもの（清和源氏の一族で武家作法・弓・馬・礼法を確立し鎌倉時代以降伝承させた家柄で１１００年代に確立）で、その中で着物では手は大きく動かさず体の足の付け根前辺りに軽く添えて、音を立てず足を摺り足のように出し、人に足裏を見せないという動作で、現在も茶道や華道、古式を重んじる武道等で受け継がれている「和式歩行」である。

　更に、能や歌舞伎等の伝統芸能もこれを継承している。走ったり見栄をきったりする時だけは、同方向の手足を大きく挙げて半身の動作になる。武家作法と能歌舞伎では、摺り足だか指先だけは上を向けて大きく使うよう動きをするようである。（写真下）

　確かに、長袴や段差のある所でも着物の右袂を左手では触らないし、掴む事もない。常に同じ手を添えたり、掴んだり、持ち上げたりと同方向の手足動作をする。

　また、武士が刀を持ったり、槍を構えたりする動作や、剣道の動作等を見ると、同方向の手足が前になる事が分かる。（写真次頁上）

直垂姿の家礼（右の2人）と武士
「洛中洛外図模本」（東京国立博物館蔵）参照

鎌倉時代頃の服装

長袴

手を添えて歩く

歌舞伎動作

刀を持つ動作

剣道の構え

槍を構える動作

　五つ目に、爪先重心で竹馬に乗るという理由の一つに、草履に「足半（あしなか）」という通常の草履の前半分しかない草履がある。かの織田信長も愛用し、山野を駆け巡ったとか、召し抱える者の面接時に履き物を確かめさせ、足半草履だと即採用したという逸話もある。足半の起源は、鎌倉・室町時代の関東の下級歩兵武士が『蒙古襲来や合戦での移動を楽にそして踏ん張りが効く草履を利用した』とあり、これを履くと前傾姿勢や重心移動が楽になる。（「春日権現験記絵巻」下図・高階隆兼１３０９年と足半・写真左下）

　ちなみに、明治維新の立役者で上野公園にある犬を連れた「西郷隆盛」像（明治３１年建立）も実は足半を履いている。

　更に、農漁業関係者も江戸時代から戦後間もなくまで使用していた記録もあり、滑り止めの役目も果たしていたようである。現在でも、岐阜県長良川の鵜匠が利用している事も知られている。

　和式歩行や足半（写真）は、９００年以上もの歴史があるのである。

足半草履を履いた鎌倉武士

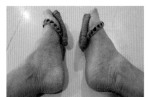
足半草履を履く

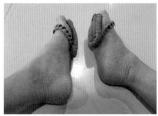

　六つ目に、日本人の歩行形態と竹馬の操作方法に近似した生活道具にもそれが見られるという説である。

　鈴木牧之が記した「北越雪譜」（１８４０年）の中に、雪の多い地方の生活「かんじき」と並んで用いられた、「かすり」という雪中歩行道具がある。

　歩く時は、「かすり」の前の紐を引き上げながら同側上肢下肢を同時に前に出して歩く。正に半身の姿勢である。（右図）

　鈴木は、「これを履いたまま慣れた人は獣を追う」と説明している。

　かつての日本人は、半身姿勢の連続的動作で素早く動く事が可能であったという見方が出来る。

　正に、図を見ると竹馬動作に非常に近いと感じるだろう。

雪上で「かすり」を履く

以上これら六つの説を要約すると、日本民族の国土的な特徴に加え、歴史や時代背景、古来から独特の農業や生活スタイルを持ち、立位や座位の美と礼節を重んじる文化があり、そこに同方向の手足を動かす半身や常の足、ナンバ歩きやナンバ走り、足半、かんじきやかすり等の雪上履き物等の日常生活道具の利用も併せ持っているのだと言う事のようである。
　これらの説を総合的に見て、半身動作や爪先重心が我が国の竹馬の乗り方にも由来し、大きく影響していると考えられるのである。

（2）海外諸国の竹馬の乗り方が日本と違う理由のまとめ

　海外諸国の乗り方と日本と諸外国の生活スタイルや地形等の違いをまとめて考える上で、次の比較表をご覧戴きたい。

＜ 日本と海外諸国の生活と歩行等比較表 ＞

項　目	日　本	海外諸国
生　活 様　式	畳での生活 畳の上に寝る あぐらや正座をする	床やじゅうたんの生活 ベットで寝る イスに座る
着　衣 はき物	着物を着る 裸足、下駄や草履	洋服を着る 靴を履く（革や布）
食　事	米・漬物・野菜、魚 等	パン・麦・肉 等
歩行等	「和式歩行」「常の足・ナンバ」	「洋式歩行」
動　作	小股で静かに歩く 小刻みに走る 手をほとんど振らない 手と足を同方向で動かす	大股で踵から歩く 大きく走る 手を前後に大きく振る 手と足は対角線で動かす
地形等	起伏が大きく山が多い	平原が広く大きい
国　土	島国で情報が入りにくい	隣国と繋がっており情報が得やすい
生産等	田畑作業 漁業 林業	畑 放牧 家畜飼育

＜ 竹馬の材質と乗り方の比較 ＞

項　目	日　本	海外諸国
材　質	竹製が中心・一部木材も	木製がほとんど
乗り方	腕を前に軽く曲げて、 竹馬は体の前で保持する	腕を下（体の脇）に伸ばして、 竹馬は肩より後方で保持する
足乗せ	足乗せは、竹馬を挟んで 前を向いて付けられている	足乗せは、竹馬の内側を向いて 付けられている

＜ 表から読み取れる違い等について＞

①　　我が国と海外諸国の項目の比較から、四方を海に囲まれた我が国の歴史を見ると、海外諸国との交流が盛んになるのは明治以降であるから、それ以前は文化や生活様式等において長い時代に渡り、我が国独自の形を築いて来た。

②　　国土の違いでは、我が国は野山が多く湿地帯や田畑作業等の作業姿勢には和式歩行やナンバが合っており、身近に竹が自生し加工が楽である事から竹馬が作られる事が自然に行われた。

　　　一方海外諸国は隣国同士繋がっている国々が多く、生活や文化等の交流も盛んで相互に影響し合い、様々に変化しながらも生活スタイルが似ている事が分かる。

③　　海外諸国の歩き方を見ると、長距離を靴で歩くには踵から歩く洋式歩行が良い。その動作から竹馬を手を下にして後ろに構えて乗ると、ほとんど半身の姿勢になる事なく竹馬に乗って歩く事になる。

④　　利用素材で見ると、アジア以外に竹は自生しておらず当然ながら竹馬自体も日本のように竹は一般的に入手出来ない為に、木製である。

　　　もう一つのタイプとして、海外諸国では１～２ｍ足の部分を高くした竹馬で足裏全体に付けて遠くまで見渡すとか、はしごがない場合の高所作業の道具として竹馬を利用したり、河川に橋がない所は竹馬に乗って渡ったりした実用的な歴史がある。

　　　これらの事から、乗り方として歩く道具や遠くを見る為に竹馬を利用し、河川や湿地、沼地等を移動する時の為に体の脇辺りから後ろで手をぎっちり握り、足乗せを内側に位置して乗るという乗り方なのだと言う事なのである。

⑤　　一方我が国の乗り方では、道具を持ったりする動作に半身やナンバといった手足を同方向で動かす事が日常化していた為ではないか、という事になるのである。

　　　ちなみに、ナンバが和式なのに何故カタカナなのかと言うと、はっきり定義出来ない為、適切な漢字が当てられない事から、「ナンバ」としたとの事である。

　　以上の他、日本人の歩行について海外諸国の立場から見ると、次のような事が言われているので紹介する。

　　運動会の行進等で、緊張すると手足が同方向に出る事があるが、海外諸国には見られず、これは日本人が持つ遺伝子に組み込まれた記憶からナンバになると言うのである。

　　更に、日本人の歩き方は洋式の歩き方になりきっていないという見方の例として、日本人女子の内股でチョコチョコ歩くのを可愛いと感じると言うが、これを見た外国人には理解出来ないという話も聞く。確かに、外国人に内股で歩く人はほとんど見られない。

　　どうも、現代日本人もその遺伝子内にナンバ式の歩き方を持っているという事なのではないだろうか。

　　これまで述べたように、現在我が国の竹馬の乗り方は、以上のような経緯や根拠等からして手足の同方向を動かして乗るという、日本独自の竹馬の乗り方になったのであろうとする見方が考えられるというのは説得力があり、これらの説に明確に反論したり論破したりするような文献も見当たらない事からも信頼度は高そうである。

　　尚、我が国では昭和後期に出来た三角竹馬も手足を同方向で動かして乗るが、通常の竹馬同様、何か共通する日本人独特の考え方や生活スタイル等もあるのではないかと、考えられないだろうか。その三角竹馬の歴史等については、第３章（次章）に記す。

日本の竹馬の乗り方　　　　　三角竹馬の乗り方（両手持ち）　　　西洋の竹馬の乗り方

第３章　竹馬の種類と特徴

1　一般的な竹馬とその種類について

竹馬は、本来の竹で作られた竹馬や木材や角材等を使用して作る木馬が主流であったが、丈夫なステンレススチール（鉄製）と硬質プラスチックの足乗せ竹馬（鉄馬）が１９６９年（昭和４４年）に、玩具として販売が開始され、作る手間や高さ調節の手間も省ける事から手軽に購入出来るようになった。

これは、世界で日本独自のスチール竹馬である。また、足乗せが滑らないように、布やビニルテープ等を巻いたりも出来る。手の持つ位置にも、ラケットテープやテーピングテープを巻いたりして滑らないように工夫した自分の「ｍｙ竹馬」を作ったりすると、更に竹馬への愛着が湧く。

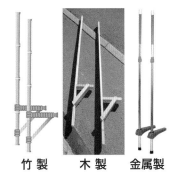

竹 製　　木 製　　金属製

2　三角形をした竹馬の名称や歴史的経緯について

我が国には、もう一つの竹馬の仲間と考えられる「三角竹馬」や「三角木馬」「三角馬」「やっとこ」等の名称を持つバランス遊び道具がある。

角材や棒等を三角に組み、それに乗って回旋運動やコンパスのような動きで、竹馬同様バランスをとって遊ぶ道具である。組む角度と足乗せ部分の高さを変えると、幼児から大人まで対応出来るバランス遊び道具で、竹でも木でも金属でも作る事が出来る。

また、組み方の上下を入れ変えると、左上と右上の２タイプが出来る。（写真左下）

発祥の最も有力な説は、愛知県名古屋市緑区の学童保育で昭和中期に生まれたものだとされているが、千葉や沖縄等複数のかなり離れた地域でも、同様の「やっとこ」と呼ばれる道具の存在が分かっており、本来の発祥や経緯は歴然としていない。

左上の三角竹馬　　右上の三角竹馬　　スチール製三角竹馬

「やっとこ」の名称は、大工道具の「やっとこ」（写真右下）に形が似ているという事から付けられた名前であるとも言われている。

やっとこは物を挟んだり、曲げたり、切ったりするペンチの総称で和名の呼び名である。

確かに、三角竹馬のやっとこと大工道具のやっとこは写真を見て分かる通り、形状的によく似ている。

もう一説は、小さい子供が「やっとこすっとこ、乗れるようになった」と「やっとこ乗れた」が「やっとこ」という形容から、それが次第に乗れたに変化したとする説であるが、これはどうも後付けのようである。

説はともかく、昭和の中頃日本に生まれたバランス遊び道具である事は間違いない。

三角竹馬・やっとこは、世界に誇れる日本人の遊び心と知恵であろう。

やっとこ

3　竹馬の仲間や竹馬の練習用具について

（1）　紐で操る竹馬関連の道具類

　幼稚園や保育所、こども園等では、ポカポカとか、パカポコ、パカパカ、缶ぽっくり、竹ぽっくり、ぽっこり、紐竹馬、等の多くの名称を持つ遊び道具がある。

　時代は判然としないが、元々まだ自然が多く身近な入手素材の竹製が一般的で、これに乗って歩くと「ポッカ、ポッカ」と、乗った様子がまるで馬の足先に似ているという事に加え、歩くと蹄（ひずめ）の音のように聞こえる事から「ポカポカ」「パカパカ」等とで呼ばれるようになったようである。手作りで十分製作出来るので試してみると良い。

　缶ぽっくりは、昭和期に広く一般庶民が日常的に缶詰を食していた事から、その空き缶を利用して作ったので「缶ぽっくり」と言っていた。缶詰缶は着地角度が悪いと潰れてしまう事もあり、缶を開けた後の処理が悪いと手足を切って怪我をする事もあった。

| 缶ぽっくり | 竹ぽっくり | パカパカ・ポカポカ類 |

　この道具類も竹馬の動きにやや似ており、竹馬に乗る前の練習段階の遊び道具とも考えられ、バランス感覚と姿勢の維持が必要な道具である。

　姿勢を保ったまま、腕に力を入れて、足の動きと連動させるが、重心移動や紐を引く動作等のコツを掴むと、歩くだけでなく走ったり段差を上がったり出来るようになる。年齢的には、一歳半から二歳位で乗れる子が出てくるという報告もある。

（2）　履き物としての竹馬関連の道具類

　かつては天狗が履いていたとか山伏や修験者、武芸者達が履いていたとされる、下駄の下の歯の部分が一本の一本下駄や、通常の下駄の半分の一本下駄（なか下駄）や、底がカーブした半円下駄等があり、平昌冬季オリンピックスピードスケートの金メダリスト小平奈緒選手が利用して話題になった事は記憶に新しい。体幹を鍛えバランストレーニングとして効果的な道具で、もし入手出来る場合は試してみるのも良い。

　竹馬のバランスに近い感覚で、健康器具としての履き物としても有用である。

　余談になるが、戦国時代織田信長は、通常の草履の前半分の「足半（あしなか）」という藁草履や布草履を日常的に愛用していた事が分かっている。これを履くと足裏の前半分しかない為、爪先重心になり姿勢も良くなる。庶民でも魚売りや飛脚らも半足を履いていた記録が残っている。足裏の刺激では、江戸時代徳川家康は竹を半分に切った「青竹踏み」を毎日行っていたという記録もある。かつての日本人は足裏の健康を意識していた事が、これらの例でも分かるだろう。

　これら関連道具も健康効果があり、トレーニングにも繋がる事が分かる。

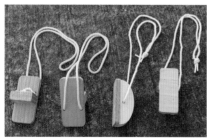  

| 足を乗せるタイプの下駄類
一本下駄（左）と半円下駄（右） | 鼻緒で履くタイプの一歩下駄類
一本歯下駄(左)と一本歯半(なか)下駄（右） | 足半
（あしなかぞうり）

バランスサンダル |

4　海外製竹馬やその他の竹馬関連道具類について

　最近では、かつて我が国にあった高足（形状は高下駄）を金属で作られた「スティルス」と呼ばれる高所で作業する時に履く道具がある。

　元々スティルス（スティルツ・スティルトとも言う）は西洋の竹馬を表す言葉だが、アジア以外の西洋諸国には竹が自生していない為、竹馬を英語で「バンブーホース」とは言わない。

　金属で出来た足台のような高足は、作業やジャグラー等に利用されているが、一般人が利用する機会はほとんどない。（写真下1、2）

　西洋史には、川に橋が架けられていなかった時代に、河川や水溜まりを渡ったりと生活実用具として利用していた事が記されている。

　日本以外の国やとりわけ西洋諸国に見られる竹馬の乗り方は、日本の竹馬の乗り方とは違い、写真に見られるように足乗せを中央に向けて乗り、手は横か後ろで竹馬を保持するような乗り方が一般的である。（写真下3、4）

　最近では、日本の竹馬のようにも西洋の竹馬のようにも両方の形で乗れて、竹馬の下部分をバネ式に替えると、ホッピングという遊び道具に近いジャンプするように歩く事も出来るスティルスもある。（写真下5、チェコスロバキア製）

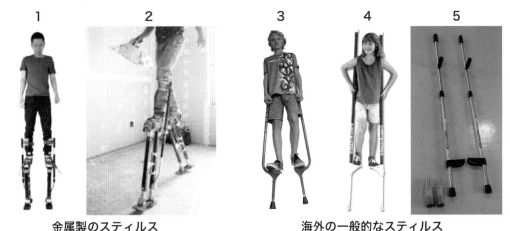

金属製のスティルス　　　　　　**海外の一般的なスティルス**

　我が国では、幼児保育用具・遊び道具として「ゆらゆら竹馬」や「バカンスホース」なる物が商品化されたりしているが、これらはどちらかというと西洋の竹馬に近い道具である。

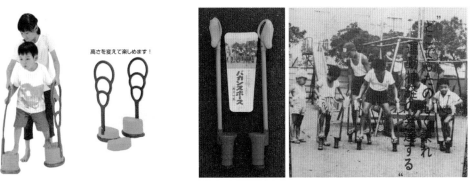

ゆらゆら竹馬　　　　　　**バカンスホースと遊びのようす**

　竹馬と関連する各種の道具類を紹介したが、竹馬を行う場合初歩的な段階から行うとすれば、次のような練習段階を踏むのも良いだろう。

　竹馬の前段階として缶ぽっくりやポカポカ等の道具を使用し、その後三角竹馬や一般的な竹馬、市販されている丈夫で高さも簡単に変えられるスチール製の竹馬に移行して練習を行えば、自然に動きや感覚を身に付けてスムーズに乗れるようになるだろう。

第 4 章　竹馬練習上の注意

　竹馬の乗り始め時は、補助具を付けて乗ったり補助者に手伝って貰ったりしながら乗る。
そして最終的には自力で乗るという段階を経て上手になる。
　次に、竹馬の練習上に関する注意点や安全管理等について紹介したい。

1　竹馬に乗る為の注意点について

（1）　竹馬に乗る時の履き物

　元々江戸時代頃に現在の竹馬の形になった頃は、当然裸足や草鞋で乗ってい
たが、竹馬練習に良い現在の履き物について考えてみたい。
　長靴は、中で足や指がずれ、サンダル類は、脇や指の所で捻れて横振れし竹
馬乗りに適さない。落ちたり転倒した時に怪我に繋がり易い。
　革靴、下駄、スリッパに至っては論外である。（写真下）
　通常は運動靴で十分であるが、出来れば靴底が薄めで凹凸があり底が滑りに
くい材質の靴が良い。
　安全や衛生面を確保出来れば裸足で乗る事も良く、裸足だと直接重心や指の
使い方等をしっかりと体感する事が出来る。

＜竹馬に適さない履き物＞

> **長ぐつ・ブーツ類、各種サンダル類やハイヒール、革靴、下駄、スリッパ等**

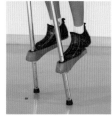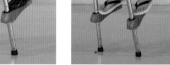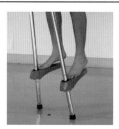

| 長ぐつ | ビーチサンダル | 足入れサンダル | 裸足で乗る |

（2）　竹馬に乗る時の服装

　江戸時代には、着物であった事は古い書物や絵等で分かる。
　現在であれば、すそが広がったものや長いズボン、スカート、おしゃれな服装は引っ掛かっ
たり、転んだりした時に、汚れたり破れたりと後悔する事も考えられるので、平服、カジュア
ルな服装や運動着等が良いだろう。

（3）　乗り易い適正な竹馬の長さや重さ、太さ

　良い竹馬に乗って練習すれば動きや技の習得は早い。竹馬の材質については、竹製、木製、
スチール（鉄）製、アルミ製が一般的である。
　では、乗り易い適正な長さや重さの竹馬を選ぶにはどうしたら良いのだろうか。
　製作（自作）したり、選んで購入する場合は、次の点に注意すると良い。

①　適正な長さ

　まず、身長に合わせ実際に竹馬を持つ位置を考え、竹馬の長さが顔の前や頭まであるような
竹馬は長過ぎる。長いとその分当然重くて乗りにくくなり、短か過ぎると姿勢が猫背になった
り、体に当たったりする事がある。
　乗った高さで、竹馬の高さが肩を越して顎辺りまでの長さが一番危ない。
　それは、バランスを崩したり、視線を下げたりすると、胸や首、顎、顔辺りに竹馬の上部が
当たるからである。

では、**竹馬の適正な長さとは、どんな長さ**なのだろう。

　市販の物は写真の通り、一般的に何段階かの長さ別の固定式竹馬と、長さを変えられる伸縮式タイプがある。

　○ 一体固定式の場合、長さは次のようである。

　　1m85cm、1m55cm、1m25cmの3タイプ（写真1）

　○ 伸縮式は、1m25〜1m85cmまで穴の位置で長さと足乗せの位置を何段階かに変える事が出来る。（写真2）

＜長さ別タイプ竹馬＞　　　　　**＜伸縮式タイプ＞**

写真 1　　　　　　　　　　写真 2

　一般市販の竹馬を例に適正な長さを考えると、次のようになる。

＜例＞

　身長170cmで爪先から乳頭までの高さ120cm、胸から肩まで15cm、握る場所はそこから10cm低い部分を持つと考える。竹馬は、床や地面から足乗せの部分の高さを30cmとした場合、次のようになる。

＜竹馬の適正な長さの計算式＞

胸までの高さ － 胸から持つ場所 ＋ 竹馬の高さ ＋ 胸から肩まで ＝ 適正な長さ
120cm　　－　　　10cm　　＋　　30cm　＋　15cm　＝ 155cm

　身長170cmの場合は、一般市販の竹馬では1m55cmの竹馬が適正である。

　分かり易く言うと、**30cmの高さの竹馬に乗って肩位までの長さの竹馬が乗り易くて良い**という事である。

　筆者でも、スチール製1m85cmの竹馬は長いのである。

長過ぎる竹馬　　　　　　　　　適正な長さの竹馬

<竹馬の適正な長さ>

○　適正な長さは、乗った時に最低でも肩より低い長さが良い。
○　最も乗り易い適正な長さは、出来れば竹馬の上部が乳腺よりわずかに下辺りが良い。

　竹馬の技では、のっぽ竹馬のように高い竹馬以外は長い竹馬が必要な乗り方がなく、実際に竹馬を持つ位置は、乳腺より拳１〜２個分下なので、顔や頭までの長い竹馬は無駄な長さと言える。

②　適正な重さ

　竹馬を道具として見た場合、軽い方が操作し易いのは当然である。
　では、一般市販品の一体型と伸縮式の代表的な竹馬を比べて、乗り易く操作し易い竹馬について考えてみたい。（下表）

<竹馬のタイプ別重量比較（片足）>

一 体 型（写真１）	伸 縮 式（写真２）
１ｍ８５ｃｍ　重さ１.１４kg １ｍ５５ｃｍ　重さ０.９８kg １ｍ２５ｃｍ　重さ０.８６kg	ピンク　　　重さ１.４４kg 青　　　　　重さ１.３６kg 赤×グレー　重さ１.３４kg オレンジ　　重さ１.０６kg

　実際に全ての竹馬に乗ってみると、**片足１kg位までの竹馬が乗り易く操作し易い**。一般市販スチール一体型（前頁写真１）竹馬がほぼ片足１kg以下であるのに対して、伸縮式（前頁写真２）は中央が二重構造になっている為、片足で３００〜４００ｇ近く重くなっている事が分かる。

　竹馬を持ち、足の下に重い物を付けて乗っていると考えると、どう考えても軽い方が良いのは明らかである。まして、初心者や幼児、小学校低学年では脚力も腕力も握力もなく、重くては引き摺るようになり操作もしにくい。
　これは何も子どもに限らず上級者や成人でも同様で、両足分で８００ｇ以上違うのであるから必然的に軽い竹馬を利用した方が難技も成功し易いという事になる。

　竹製であればほぼ片足８００ｇ以内で出来る。スチールより断然竹の方が乗り易く操作し易い。壊れ易く接地部分が減り易いという難点もあるが、接地部分にゴムカバー等を付ければ、竹製の竹馬の方が乗り易い。
　竹製でなくても、出来れば伸縮式でなく乗って肩と胸の間の長さの一体型１kg以内の竹馬を利用すれば、乗り易くかつ丈夫で良いだろう。

③　適正な太さ

　一般市販のスチール製竹馬の太さを測ってみると、いずれも約２.８ｃｍである。

　実は、幼稚園から高等学校、大学まで鉄棒や雲梯の太さは２.８ｃｍ程度であり、もっと太く感じるがこの数値なのである。ラケットスポーツやバット等も握り部分の太さ、体操用の輪や、棒等の体育用品類もほぼこの太さで出来ている。

　これらの太さは、人の手の大きさを計測して割り出した値であり、持った時の安定度の基準値として分かり易い。
　そこで、竹馬の場合も太さ約３ｃｍを目安に選ぶのが良い。

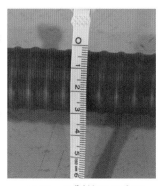

スチール製竹馬の太さ

④　材質による竹馬利用の注意

　竹馬は今でも竹や木材で作られる自作の物も多く、作った人の温かさや物を大切にする心を育てる事も出来る。

　竹で製作する場合と金属製を選ぶ時の注意点を幾つか挙げてみたい。

<竹製の竹馬を利用する場合の注意点>

○　竹製の場合、太さがなるべく同じ物を２本使う。
○　節のすぐ下を切り揃えて利用して作る。
○　竹の場合太さが一律な物はないが、なるべく太さを揃えて下が太く、持つ所の上になる部分は、わずかに細くなるように上下を上手く使って作る。
○　切り揃えた竹の上部と下部の角を、軽くヤスリ等を使って落として丸くしたり、竹の外側にテープ等で覆ったり、キャップを付けたりして割れにくく保護すると良い。

<スチールや金属製の竹馬を利用する場合の注意点>

○　身長により、大きく３タイプの長さがあり、利用者の適正な長さを選ぶ。
○　金属製は当然ながら竹製より重い物が多いので、購入時に重さや高さの穴の位置のぐらつきが確認出来れば確認する。
○　竹馬は、長さや重さの他、足乗せ部分の形状等も重要で幾つか種類があるので、すぐに調節出来て乗り易いか、簡単に壊れないか等を確認する。
○　乗る人の身長や体重範囲等の説明をよく見て、適切な物を選ぶ。
○　遊具安全保険付きの竹馬もあるので、購入時よく説明を見て購入する。

（４）　竹馬の練習場所

　竹馬の練習は身近な場所が一般的だが、場所による注意点は次のようなものがある。

①　一般的な竹馬の練習場所

　竹馬の練習は一般的に次のような場所が良いだろう。

<一般的な竹馬の練習場所>

○　校庭や園庭、公園（土）等平らな所で行う
○　コンクリート、アスファルトで行う
○　フロアー、体育館、床等で行う

②　竹馬に乗ってはいけない場所

　乗れるようになると、いろいろな事に挑戦したり、いろいろな場所で乗る事を試したくなるが、次のような場所で乗るのは危険なので乗らないようにして欲しい。（次頁）

<竹馬に乗ってはいけない、危険な場所や注意>

① 平均台の上を竹馬で歩かない

　　竹馬なしで平均台を渡っても怖いので無理して挑戦しなくても良い。上級者であっても自分のイメージとわずかにずれただけで、落下や転倒し大怪我に繋がる。

平均台

② 溝など狭い所を通らない

　　側溝の中で乗ると滑ったり、狭い為バランスを崩したりすると大怪我ではすまない。狭い所では倒れると体が保護出来ず危険である。

③ 階段の上り下りはしない

　　階段の場合、上る（登る）のは危険はやや少ないが転ぶと平地ではないので階段の角や転び方によっては転げ落ちたりもする。

　　また、階段を連続して前を向いたまま下りるのは重心移動が大変難しく竹馬に乗って階段の下を見ると、恐怖心が倍増する。下りる技術は上るより遥かに高度であり、一度踏み外すと大怪我より重傷や命の危険もある。

側溝

　　もう一つ横を向いて階段を上がったり、下ったりする事も考えられなくはないが、実際筆者自身も行った際、危険も恐怖心も大きく、やる必要はない。

　　よく考え、最初から危険である場所では取り返しの付かない事になるので、行うべきではない。

　　高低差を体験したい場合は、固められている滑らない土の坂や小さな山のような場所であれば、試すのも良いだろう。

　　また、一段程度両足で跳び下りる位は出来るが、やはり高度な技術が必要で、下りた瞬間に後ろにバランスを崩すと、階段や段差に後頭部を打ったりした場合大怪我か命の危険性も懸念される為、度胸や勇気は分かるが控えたい。

階段

④ 浅いプール等、水のある場所で乗らない

　　これは、我が国でもかつては一部で行われていた実用的な乗り方で、西洋諸外国では生活上の必要性から河川等を渡る事もあった。

　　竹馬を普通に練習する場合は特に必要ではないが、きれいな水で滑らない底であり、倒れても縁等にぶつからなければ出来ない事はない。

　　しかしながら、現在の生活上水や沼地での竹馬の必要性は極めて少なく、ビニルプール等は可能だが、底が破れる可能性が高く、やはりお勧めは出来ない。

<安全面で考慮する事>

○　自分の実力以上の技に、無理に挑戦しない。
○　竹馬に乗らなくても出来ない事に、竹馬の技で行わない。
○　竹馬に乗らなくても危険な場所や器具には挑戦しない。
○　バランスを崩したり、倒れたり、落下したらどうなるか、よく考える。
○　難しい技等は、一人で無理に行わない。

「後悔、先に立たず」である。安全を最優先に、楽しく竹馬を行って欲しい。

2　竹馬に乗る時の姿勢と注意について

（1）　竹馬の良い乗り方と悪い乗り方

<良い乗り方>

- ○　前傾する
- ○　踵を上げ爪先で乗る
- ○　足乗せの前に乗る
- ○　正面・遠くを見る
- ○　体（背筋）を伸ばして乗る
- ○　竹馬を胸から拳1〜2つ下で肘を90度位に曲げて持つ
- ○　脇を締めて竹馬を持つ

<悪い乗り方>

- ○　乗る時竹馬がまっすぐになる
- ○　胸より、高い位置を持つ
- ○　首を挟んで乗る
- ○　腰が引けて乗る
- ○　足下を見て乗る
- ○　軸、足乗せから遠くに乗る
- ○　左右の足が軸からずれて乗る（内股、外股）
- ○　竹馬と竹馬の間がだんだん広がる
- ○　竹馬と竹馬の間が狭過ぎる

<悪い乗り方と注意>

① 『竹馬を持つ手の位置』

- ○　初心者のうちは、どうしても高い位置を持つので、指導が必要である。

- ○　竹馬を持つ手の位置が高いと、力が入らず腕も疲れ易く竹馬が回ってしまう。

- ○　乗る前に自分の肩位の高さを持つと、乗った時に胸より少し下を持つ事になり、ちょうど良い位置となる。

- ○　慣れると、乗ってから自分で手の位置を下げて調節する事が出来るようになる。

手の位置が高い

② 『足乗せへの乗り方』

内股に乗ってしまう

爪先が内側と外側で乗ってしまう

足を平らにしてしまう

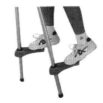

足乗せの後ろに乗ってしまう

- ○　どの乗り方も乗せた足と手の動きが一体化・連動せず、動きにくく乗り続けられなくなって、ずれたり落ちたりして安定しない。

③『竹馬に乗った時の足の幅』

やや狭い

広過ぎる

○　狭過ぎると、大きな動きをするとバランスを崩し易い。
○　広過ぎると、重心が左右にぶれるので前への移動が難しくなる。

④『乗った時の良くない・悪い姿勢』

まっすぐに乗る　　　首を挟むように乗る　　　腰が引けて乗る　　　足下を見て乗る

○　まっすぐに乗ると前に歩けない。
○　首を挟むと、大きく動いたり、歩いたり出来ない。
○　腰が引けると、前に進む力が出ない。
○　下を見過ぎると距離感が掴めず、バランスが取りにくくなる。
どれも初歩の段階によく見られるので、注意したい。

⑤『良い乗り方や姿勢』

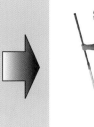

良い乗り始め　　　　　乗った時の良い姿勢　　　　良い手の持つ位置と
　　　　　　　　　　　　　　　　　　　　　　　　肘の角度

○　胸から拳1～2つ下の所で肘が90度位に曲げて持ち、乗ったら正面を見る。
○　竹馬を前に傾けスッと立ち上がるように乗り、両手足幅は胸幅よりやや狭く。
○　良い姿勢は、背筋がピンと伸びて、力を使わず楽に乗っているように見える。

（2） 竹馬の持ち方の種類

　一般的に竹馬に乗る時、持ち方は肘を曲げ手の平を前向きにして竹馬を掴んで乗る（これを前向き上持ちという）のだという固定概念はないだろうか。もちろん、通常は前向き持ちで乗る技がほとんどであるが、実は竹馬の持ち方にも何種類かあり、その持ち方の特徴を生かした乗り方の技を行ったり、技の途中で持ち替えに利用したりもするのである。

　次に、**竹馬の持ち方18種類**とその持ち方を利用した乗り方例を紹介する。持つ位置や向きから筆者が命名したものだが、更に適切な名称があればと考える。

　上級になるに従い、実際にこれらの持ち方を途中で持ち替えたり片方ずつ別の持ち方にしたり、組み合せたりする事で、多くの技を行う事になる。

　持ち方を生かした技としての乗り方は、第8章4（3）を参照されたい。

＜竹馬の持ち方基本用語表＞

持 つ 位 置	上持ち（上部）	下持ち（下部）	上　下（離し）
持 つ 方 向・向 き	前向き（持ち）	後ろ向き（持ち）	横向き（持ち）
構 え る 位 置	正　面（前）	背　面	側　面（脇）
持 つ 体 勢 形 等	平行持ち 包み持ち	手交差持ち まとめ持ち　等	竹馬交差持ち

＜竹馬の持ち方18種類＞

【基本の持ち方】

前向き（正面平行）上持ち

　竹馬に乗る時の、最も基本的な持ち方で、体の正面で竹馬の上部を握った時に手が前に向いて握るところから名付けている。

　通常は正面と平行を省き、「前向き上持ち」と表現している。

前向き下持ち	後ろ向き下持ち	前向き交差上持ち	後ろ向き交差上持ち （手交差・竹馬交差）

交差下持ち （後ろ向き）	交差下持ち （前向き）	両手上下持ち	片手持ち

| | | | 両手揃え | 両手上下離し | 左片手又は右片手 |

上包み持ち		まとめ持ち	
（両　手）	（片手まとめ）	（前向きで二本）	（片手上部横向き持ちで二本）

＜背面での持ち方（背面平行）＞

前向き上持ち	前向き下持ち	後ろ向き下持ち

背面交差持ち

　背面交差持ちは、肘から下の長さや手首の向き、竹馬に乗る二本の幅等に関係が深く、ある一箇所でしか持てない。

　また、前向き持ちとも後ろ向き持ちとも横持ちとも区別のつかない持ち方になる。

　背面交差持ちは竹馬が平行だが、一方竹馬交差の場合は乗る事が出来ない。

（3）　初心者時期の乗り方の工夫

　通常初心者は補助して貰って乗る方法が一般的だが、補助相手がいない場合は、竹馬の足乗せ部分の裏に補助足を付けて乗る方法、竹馬の足乗せを一番下にセットして練習する方法、手と足を引き上げて手足が連動して動く事を体験する方法等もある。

　その他、壁や高さのある台や階段、平均台等を使って乗り始めの練習をしても良い。

　また、竹馬の練習として竹ぽっくり等に乗って手と足を同時に引き上げて乗る体験をしておくのも良い。

＜竹馬乗り初期の練習方法例＞

| 手足の引上げ練習 | 低い竹馬で乗る | 補助を付けて乗る | 補助足を付けて |

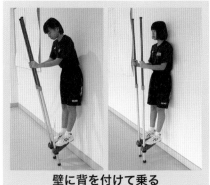   

| 壁に背を付けて乗る | 壁で前傾の練習 | 台の上から乗る | 竹馬と台で歩く |

3　竹馬の練習と落下について

　竹馬の練習や技の挑戦時に落下しない人は誰もいない。では、安全な落下と怪我に繋がるような危険な落下とはどういう状態か、原因も含めて考えてみたい。

（1）　竹馬から落下する理由

　通常、人は地面や床に立っている場合両足でも片足立ちでも、余程の事が無い限り転倒しない。

　人の成長過程では、赤子の寝返りからはいはい、つかまり立ち、そしてよちよち歩行を経過して歩き、走り、片足立ちや階段等での重心の上下運動、カーブでの体の傾きやジャンプ、各種の回転運動、水の中での推進（水泳等）等、多くの経験から意識せずとも自然に体の状態を認識し、重心保持が出来るようになる。

　しかし、竹馬に乗ると日常の生活では得られない状態、つまり非日常的な動きの体験や感覚になる。それは、主に次の理由による。

①　重心位置が高くなり、バランスが不安定になる

　人の重心位置は成人男子で体の５６％、成人女子では骨盤や体の構造上５５％で、へそよりわずか下の、「丹田」という部分に近い位置にある。竹馬に乗ると、その重心が足乗せそのままの高さ部分まで上がる事により不安定になるのである。

つまり、初心者時期は最初は１０cm位の安定した高さから始め、次第に３０cm位に重心を高く上げると、高い空間での高さと重心に慣れてその能力も高まるのである。これは、いわゆる重心の「空間認知能力」である。

　最終的に竹馬の足乗せ部分を３０cmの高さで乗っているとすると、地面から３〜５％重心位置が上がる事により不安定な状態になっており、地面に立っている時より常に落下し易い条件になっているという訳なのである。

　そう考えると、男女では女子が重心位置が平均１％低い事から、同じ筋力を持つ男女で比較した場合、理論上は女子の方が竹馬に乗った時安定して落下や転倒しにくいという事になる。

②　竹馬という道具の長さや重さ、外的に重心が分散し筋力が必要である

　竹馬に乗りバランス・重心を保つ為には、竹馬を持つ手の握力や支え続ける腕力等も必要となる。

　また、足の部分では爪先立ちでの足裏の力や指先に力が必要である。
　更に常にお尻がきゅっと締めた力の入った状態で、背筋も伸ばして乗っていなければ竹馬に乗って重心を常に保持し続けられない。

　竹馬というやや重い道具を持つ事により重心が竹馬側になる事に加えて、乗って支え続ける爪先立ちでの「点」に近いバランスと床や地面より高い重心位置での不安定さから落下し易い状態になっているのである。これらは、練習を通して体感し慣れて体得する他はない。

（２）　竹馬からの落下と安全

　次に、竹馬から落下する場合とはどんな状態なのか、安全面も含め考えてみたい。

①　新しい技や難しい技で落下する

　竹馬の技にはそれぞれ移動や重心が一つひとつ違うので、一つ技が出来ても、次の技の挑戦ではまた何度も落下を経験する。
　それは、その技の持つ微妙な重心位置の変化や動作に慣れていないからである。
　多くの技が出来るようになっている場合、移動や重心位置の違いを体得しているという事が分かるのである。

②　自分の意図しない落下をする

　新しい技や難しい技では、落下し易い事は①で述べたが、それ以外にも落下する場合がある。それにも、次のように幾つか原因や理由がある。

ア　手が滑って落下する

　竹馬を持つ手が、汗や多くの時間練習した疲労からくる握力の低下により竹馬が回ってしまい落下する場合である。この場合、滑ったらすぐ落下した方が安全であるが、頑張って握ろうという意識が働くと、竹馬と手が回り捻れた状態になり、顔やあご、胸等に竹馬が当たりながら転倒を伴う落下をし易い。その場合には、滑り止めの工夫を施したい。

イ　足を踏み外したり、乗り損ねて落下する

　竹馬に乗っている時は、足は爪先部分のほんのわずかな部分で乗っている。
　足乗せの少し後ろに乗ってしまったり、足乗せの中心から外れた端等に乗ったり、跳躍や移動毎に足が衝撃や上げている時にずれたりして落下する場合がある。

また、竹馬の左右に足を移動したりする時に、自分のイメージよりずれたりすると足乗せに乗り損ねたり、踏み外して落下する事がある。
この場合が自分の意に反する、危険な状態での落下になる。

ウ　ねばって頑張って乗り続けようとし過ぎると落下する

技や動きを何とか成功させようと重心やバランスを崩しながらも立て直そうとして歯を食いしばり、竹馬にしがみつくように乗ろうとする意識が強過ぎると危険な落下をする。状況として体が硬直しているような状態になり、落下した場合瞬時に体の衝撃を吸収するような体を保護する安全な落下転倒する為の余裕がなく、大怪我をする場合がある。また、ぎっちり握れば握るほど落下の際に手が離れにくくなり危険な転倒を招く事が多くなる。

③　「復元力」と安全

竹馬は、重心位置が上がり爪先という「点」で支えている為不安定で倒れ易い特徴だと前述したが、技に挑戦中「あっ」と思った時は無理せず乗り直した方が良い。
この技や動きでは、「この角度でこんな姿勢や重心になったらバランスが崩れるんだな、もう一度やってみよう」と考えてやり直した方が技が早く身に付く場合が多い。

運動力学的に見ると、**バランスを崩して立て直す状態を「復元力」と言う**が、竹馬の場合この復元する力「復元力」を発揮する事が非常に難しい。
これを簡単な方法で体感し、理解する事が出来る。それは、竹馬を持たず裸足で床に立ち、前や後ろ、横に体全体の重心を傾けふらっとしてこれ以上立っていられない状態を体感すると、親指を含めた指先が重要な重心の要である事が分かる。（写真下）

竹馬に乗っている場合、角度で言うと、１．２度の傾きは何とか復元出来るが、一気に５度以上傾くと竹馬と足を前後左右に竹馬の足をずらして出しても立て直しはすでに遅れ気味となり、復元出来ない場合が多い。
更に、竹馬と体の傾きが１０度以上では足の部分より上体のぶれ幅が大きく前後左右に大きく足を出して何とか立て直そうとしても竹馬の足の移動に上体が追いつかない状態になり、間違いなく倒れるように落下する。

復元出来る角度を歩幅で見ると一足長や半歩以内位では何とか復元出来るが、前後左右に１歩以上の移動では、ほぼ復元は不可能と思って良いだろう。

＜裸足での重心移動の体感＞

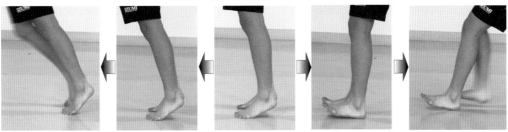

前にバランスを崩す　←　前に傾き支えきれなくなる　←　重心が安定　→　後ろに傾き爪先が浮く　→　後ろにバランスを崩す

④　安全な落下と危険な落下

次に、三角竹馬の一般的な落下例を紹介するが、三角竹馬と通常の竹馬では、構造上からも三角竹馬の方が危険な落下をしにくい。例以外の回転系での落下でも危険性はほとんどない。
但し、難しい新技の練習等では足を踏み外したりして、持ち手部分を胸やお腹にぶつける事もある。竹馬では、完璧で絶対に保証出来る安全はない。
危険度を付けて、幾つかの例を紹介する。

ア　三角竹馬の落下例

①前方に落下した例（危険度　低）

②後方への落下例（危険度　低）

③背面持ち前方の落下例（危険度　中）

④背面持ち後方の落下例（危険度　高）

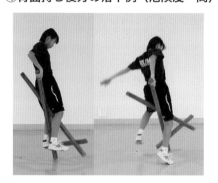

　新技や難しい技で竹馬と手足を同時に半回転させたりする場合（写真上右）以外であれば、一般的に見られる落下例では通常の竹馬の落下より危険性は少ない。

イ　通常の竹馬の落下例（二本持ちの場合と一本持ち比較）

　通常の竹馬では、約一足長位はバランスや重心が崩れ、「危ない」とか、「あっ」と感じてもすぐに前後左右にわずかに足と竹馬が移動出来れば何とか復元して立て直す事が出来るが、半歩以上ではほとんど立て直す事が出来ない。

　また、無理に立て直さず乗り直して始めた方が、安全面を含め技が身に付き易い。

　通常の竹馬の場合、安全な落下の多くは乗っている竹馬のすぐ近くに落ちても立っていられる状態である。

　一方、危険な落下は落下してからかなり勢いが付いて遠くに移動したり、片足が付いて足裏が部分的に着地した場合や、足が付くと同時に脚全体やお尻、体をぶつけるように落下するような場合である。

　感覚的に安全な落下は、自分の意思で落下をコントロール出来る状態であり、危険な落下は思わぬ状態で自分の意思に反して落下に結び付く事が多い。

　竹馬は、安全な落下を含め安全な乗り方、体（ボディコントロール・バランスコントロール）や道具（操作・保持）と調和・コーディネーション(運動協調性)を必要とし、それを体得する特徴を持つ、素晴らしい道具であると言えるだろう。

＜安全な落下例＞

① 竹馬二本の前方への落下例
（危険度　低）

② 竹馬一本の横や後方への落下例
（危険度　低）

①　前方でも同じ傾きから急に角度が変わったり、リズムを崩すと復元は難しい。
②　横方向や後方では、これだけ傾くと復元は難しい。

＜やや危険な落下例＞

③ 竹馬二本の落下例
（危険度　高）

④ 竹馬一本の落下例
（危険度　中）

　③④の例での危険な落下の場合竹馬を放すのが遅れたり、竹馬を持つ手がくるりと回ってしまったり、足乗せの足がずれたりすると体が倒れて一瞬でかなりのスピードで落下と同時に強く手を付いたり、転んだりする。

　瞬時の判断が遅れて転び方が悪かったり、上手くいかないと、あちこち強打すると共に竹馬にも当たったりして痛い思いをする。
　だからといって、落下を怖がっていては次第に難しくなる技は出来るようにならない。
　安全に体を保護して落下したり、瞬時の安全への思考・判断力も養う必要がある。

　落下と怪我について総合的に考えた場合、通常の竹馬も三角竹馬も前方は落下場所の状況を見て確認出来るので怪我をしにくい。横の場合は片足落下が多くなり、大きく傾いたまま片足に負担が掛かる為、足首を捻ったり、左右のお尻を打つ怪我が多くなる。後方への落下は一番怪我が多くなる。その理由は大きく二つある。
　第一は、本能的に体を保護しようと体を丸めるようになり、足より先に体全体での転倒が多くなる。その状態だと手にもぐっと力が入り、竹馬が放れにくくなり足から着地しても転倒し易くなる。
　第二に、後方は状況が見えないという点に於いて、瞬時の判断が難しく足を着くと同時に、特に腰や肩、肘、そして頭も打つような危険な落下転倒に繋がり易いのである。
　練習に伴う安全な落下についても十分考えて、指導したり身に付けたりしておきたい。

4　竹馬の危険な乗り方や行動例

　スポーツや運動等では、動きに慣れて恐怖心があまり無くなった時が怪我をし易いと言われている。竹馬も同様で、前や横が乗れる程度位ではまだ大怪我はしないが、重心を移動する後ろの技以降、中級程度辺りになると怖さも減り、実力以上の少し無理な動きや技にも挑戦したくなるが、それ以後は常に危険な転倒や落下で怪我と隣り合わせとなる。安全を第一優先にし、実力的に見て高度な難技は行うべきか常に考えたい。

　また、楽しく遊んでいるうちは良いが、乗っている周りの人がふざけて、乗っている人の邪魔をしたりする事も非常に危ない。学校等では、きちんと指導すべき事項である。

　ここで、竹馬に乗っている時の注意したい危険な範囲と考えられる例を紹介したい。もちろんこれだけではないが、竹馬に乗っている時は、自分も周りも次のような事は行わない方が望ましい。それぞれの例に、危険度を付けて紹介する。

（1）　無理な危険な乗り方

①　高いところからジャンプして乗る

　高いところから跳び下りて乗る事も出来なくはないが、体重より大きな重力がかかり、竹馬の足乗せ部がこわれたり、ガクッと下がったりする事もある。
　また、上手く乗れれば良いが、乗り損ねると非常に大きな怪我をする。

<table>
<tr><td align="center">ア　上から下の竹馬に跳び乗る
（危険度　中）</td><td align="center">イ　竹馬に乗ったまま跳び下りる
（危険度　高）</td></tr>
</table>

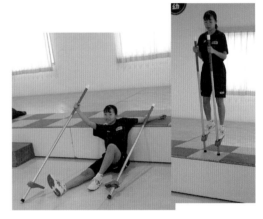

②　人を乗り越える（危険度　高）

　人や生き物等を乗り越えたりしない。踏み付けたり、引っ掛かったりして一歩間違えば大変な事になる。やってみよう等と、思いつきだけで行ってはいけない。

③ 竹馬を振り回し、回転させる

　上級者以上での竹馬を担ぐとか、半回転以上に竹馬を振り回す技も出来なくはないが、するっと手から抜けたり、回転させれば竹馬の足乗せが自分の体にも当たったりする。特に頭上に持ち上げて竹馬を回転させる技は、危険が高まる。

　回転途中、竹馬が手から離れてしまうと惰性で５ｍ以上跳んでしまう。自分に当たる危険だけでなく、周りにも危険が及ぶので振り回す回転技は、特に注意する技である。

ア　体の正面で回転させる（危険度　中）

イ　体の側面で回転させる（危険度　中）

ウ　頭上で回転させる（危険度　高）

（２）　乗っている人を邪魔するような危険な行動

　ほんの冗談やふざけたつもりで行った事が、相手だけでなく自分も巻き込まれて大怪我に繋がる事がある。

　不意な予測出来ない事や、集中力を失うような笑わせ等の行動は、厳に慎まなければならない。後悔してからでは遅い。これらを、きちんと指導しておく必要がある。

①　後ろから押す（危険度　高）　　　②　後ろから引っ張る（危険度　高）

③　横からぶつかる（危険度　高）　　　④　下から笑わせる
　　　　　　　　　　　　　　　　　　　　　　　　（危険度　中）

5　竹馬の保管や修理等について

（１）　用具の準備・必要数

　学校教育法では、現在小学校の１学級の定員は４０人学級と定めており、間もなく３５人に改正されるが、実質的に全国的に児童数が年々減少傾向の実態から、各都道府県では３０人学級や３３人程度を１学級の定員として対応している学校が多い。

　それにしても、全員が一度に行うには、最低予備を含めると４０組を確保する事が必要となり、教材の必要基準数と照らし合わせると２０組あれば何とかなるが、現場の充足率や保有数は足りていないように思う。

　購入出来なくても、竹が入手出来れば本数や組数は確保出来るので、最低２人に一組、理想としては１人一組使用出来るような数を常に準備・所有しておきたい。

（２）　竹馬の安全管理

　竹馬には、大きく分けて次の**二種類の材質**がある。

① 一つ目は、文字通り竹製である。または木材製も同類とする。

竹製や木製タイプは、ひび割れやささくれ、紐やネジ部分の点検が必要である。

製作時に、節のすぐ下を使って作ると長持ちするが、それでも竹や木製は利用頻度により、足乗せより下の接地部分が次第に節を越して短く自然に削れていく。

常時点検しないでしばらくすると、下の写真のような事が起こってもそのまま保管されている事がある。

安全に、そして子ども達の乗りたいという要望に常に応えられるようにしたい。

節を利用しないと弱く、割れる

すり減って長さが合わなくなっている

② 二つ目は、スチール（鉄）製やアルミニウム等の金属製の竹馬である。

利用上の注意として、金属では上下に付いているゴムキャップを紛失したり、経年劣化でひび割れて取れたり、地面や床に付く下の部分は、特に摩耗して、金属がむき出しになったり、ゴムがすり切れてしまったりする事が多い。上の部分のゴムが取れると、金属がむき出しになり、顔や顎辺りに当たって皮膚を切ったりぶつけたりして怪我をする事があり、大変危険である。ゴムキャップ部品は１個から安価で入手出来るので、利用をやめて即座に交換修理すべきである。

＜キャップ等が取れたり破損した竹馬＞ 　　　　　**＜交換用のキャップ類＞**

左上部の破損 　　　　　　　右下部の破損 　　　　　白は上部用、黒は下部用

金属製のもう一つの注意点は錆や劣化である。金属であるから当然錆びる。竹馬に使われているスチールは多少錆びてもそれ程心配はないが、時々汚れを拭き取ったり錆を落としたり、表面を洗って油を引いて錆びないようにする程度はしておきたい。

竹製や木製タイプの竹馬の場合、一度固定すると高さを自由に変えられないものが多いが、金属製竹馬タイプの場合は簡単に高さを調節出来る良さもある。

調節は、木づちか、ゴムハンマー等が良い。金づちは、強く叩くと変形したり足乗せ部分にひびが入ったり、割れたりするので注意が必要である。

子ども達でも自分で調節出来るよう指導し、練習して身に付けさせておきたい。

但し、金属製竹馬の場合、乗っている内に次第に足乗せ部分がどの竹馬も固定が弱くなって下がって来る傾向があり、常時点検調節する必要がある。

その**理由は二つ**ある。

一つ目は、経年の使用による摩擦や摩耗による部品の緩みである。この場合あまり下がりが目立つ場合は、交換時期と考えて良い。

二つ目は、竹馬と足乗せの隙間のほこり等による摩擦抵抗が少なくなる為の緩みである。実際の所、竹馬のほとんどは校庭で使用され、土ぼこりだらけである。
また、保管場所が体育倉庫等の場合も自然にほこりを被っている状態になる。
実は、このほこりが、足場の間に入ると摩擦係数が下がり、足乗せ部分が緩くなる一因である。洗ってほこりを落としても下がる場合は交換時期であるが、竹馬はいつでもすぐに使用出来るよう常時**点検修理・調整しておく事が大切**である。

ゴムハンマーと金づち

木　づ　ち

（3）　竹馬の収納・保管

個人用の1セットだけの収納であれば、どこでも立て掛けて置く事も出来るが、学校等で多数を収納するには、竹馬整理棚等が必要になる。

整理棚等がないと、どれとどれが同じ高さなのか分からなくなったり、すぐに取り出せなくなったり、夢中になって自分の事だけ考えて竹馬を取り出そうとしたりすると、周りの人とぶつかったりして危険である。

取り出す際に分かり易く、更に安全の為にもシールやラベル等を貼ったり番号を付けたりと、セットが分かる工夫等もすると良い。

市販の「竹馬整理棚」例

竹馬や竹ぽっくりの整理棚　例

　竹馬整理棚も市販されているのでそれを利用する事も良いが、材木や、ホームセンター等にある室内用の各種パイプや繋ぎ部品等を利用しての自作も、十分可能である。
　時間とお金に余裕があれば、自分の好きな材質で工夫した形でオリジナルの整理棚を作る事が出来る。筆者も現役の教員時代何度か製作した事がある。

　竹馬は消耗品であり、きちんと収納しないと夢中になって取り出そうとした時に、慌てて竹馬を踏んで割ってしまったりもする。

　集団で使用する場合は、整然と出し入れ時の約束やルール等を決めて行うようにしたい。
　使用後には、整理整頓に加え使用や汚れの程度によって洗ったり、拭いたりしてから保管する事は大切である。

　更に、屋外や屋根下で収納する場合は室内保管より錆付きや上下のゴムやビニルのキャップ、表面のグリップカバーの自然硬化やハガレ、取れ、割れ等の劣化も早くなるので注意して点検しておきたい。

絵葉書　雪の中で竹馬に乗る

（4） 竹馬・三角竹馬安全点検カード作成例

　小学校や教育機関等では、定期的に様々な施設設備の安全点検が行われており、体育関係の用具や遊具の安全点検は、教科体育の体育研究部や体育主任が点検している。

　点検項目や利用頻度等を考慮し、日々の日常点検、週や月の点検、学期毎の定期点検等が必要である。

　次に、竹馬・三角竹馬の安全点検カード例を紹介する。これを参考に更に工夫して作成して欲しい。学校等では点検を形骸化せず、迅速に修理交換等をしておきたい。

「竹馬」 安全点検カード （例）

_____ 学校・児童館・幼稚園・保育園・こども園

点検者名 _____　　　　記号 → 良い○　問題×　不明？

No.	点　検　項　目	月/日	/	/	/	/	/	/	/
1	大きさ別の、数が揃っているか								
2	竹馬の上部はどうか								
3	竹馬の足のせ部分はどうか								
4	竹馬の下部はどうか								
5	持つ部分のはがれ等はどうか								
6	整理棚は壊れていないか								
7	調節ハンマーはあり壊れてないか								
	点　検　者　印								

「三角竹馬」 安全点検カード （例）

No.	点　検　項　目	月/日	/	/	/	/	/	/	/
1	大きさ別の、数が揃っているか								
2	三角竹馬のぐらつきや歪みはないか								
3	三角竹馬のささくれや割れはないか								
4	三角竹馬の下部は傾いていないか								
5	三角竹馬の持つ部分の危険はないか								
6	三角竹馬の足乗せ部分の破損はないか								
7	木ネジやボルト等の固定はよいか								
	点　検　者　印								

破損の状況・修理可能、不可能・注文・業者修理依頼等の状況・依頼日　等
- -

第5章　学校教育と竹馬の学習

1　学習内容としての「竹馬」の位置付け

　昭和期まで子供達の昔の遊びに過ぎなかった竹馬は、現在小学校体育科の学習内容の一つになっており、世界でも竹馬が学習内容になっている国は他に例を見ない。

　学校は法的拘束力のある教育指針と言うべき学習指導要領によって学習が行われるが、我が国の長い歴史上、小学校体育科の学習内容に竹馬と一輪車が初めて取り上げられたのは、平成元年度の学習指導要領指導書体育編からである。用具の操作やバランス感覚の養成等を目的に、平成から令和の時代へと継続して取り上げられている。

　平成元年度には小学校3、4年生にのみ竹馬が位置付けられていたが、平成11年度の学習指導要領から現在までは、小学校1、2年生から竹馬の学習を始め3、4年生まで実施するよう改訂されている。

　尚、小学校5、6年生からは中学校との関連から各競技運動種目別の領域となり、竹馬や一輪車は、授業では学習しない。

　では、竹馬の取り扱いについて各改訂時代毎の内容比較を次の表でご覧戴きたい。

＜学習指導要領にみる竹馬の位置付け表＞

年度	領　域　名　等	小学校1．2年生	小学校3．4年生
平成元年6月	【領域】 A基本の運動 d用具を操作 　　する運動	内容記載なし	ウ　竹馬や一輪車などに乗って、バランスをとりながら操作する。 [例示] 　・竹馬乗り 　・一輪車乗り
平成11年5月	【領域】 A基本の運動 d用具を操作する 　　　　運動遊び 3．4年生は 　d用具を操作する 　　　　　　運動	イ　竹馬などに乗りバランスをとって遊ぶ。 [例示] 　・竹馬乗り	ウ　竹馬や一輪車などに乗って、バランスをとりながら操作する。 [例示] 　・竹馬乗り 　・一輪車乗り
平成20年8月	【領域】 A体つくり運動 イ多様な動きをつくる運動遊び 3．4年生は、 イ多様な動きをつくる運動	ウ　用具を操作する運動遊び [例示] ○　用具に乗るなどの動きで構成される運動遊び ・　足場の低い易しい竹馬などに乗り、歩くこと。	ウ　用具を操作する運動 [例示] ○　用具に乗るなどの動きで構成される運動 ・　友達に補助されながら竹馬や一輪車に乗ること。
平成29年7月	【領域】 A体つくりの運動 　　　　　　遊び イ多様な動きをつくる運動遊び 3．4年生は、 A体つくり運動 イ多様な動きをつくる運動	ウ　用具を操作する運動遊び [例示] ○　用具に乗るなどの動きで構成される運動遊び ・　足場の低い易しい竹馬などに乗り、歩くこと。	ウ　用具を操作する運動 [例示] ○　用具に乗るなどの動きで構成される運動 ・　補助を受けながら竹馬や一輪車に乗ること。

2　学習指導要領内における「竹馬」の学習内容と遊びの実態等について

（1）　学習指導要領改訂毎の例示と学習の仕方

　平成元年度（1989年）から平成１１年度までの学習指導要領には『竹馬乗り』とだけあり、行う内容の例示がない。
　学年で行うべき例示の内容がない事から、学校や先生方がどこまで出来れば良いのか等一人ひとりの課題に対応する必要があった。

　学習の進め方で見ると平成２０年度から現在までの学習指導要領では、小学校１、２年生では「足場の低い易しい竹馬などに乗り歩くこと」とある。
　この例示により、竹馬に乗る場合、一人でも乗れるよう竹馬に補助足を付けたり、竹馬の足を乗せる部分を地面や床すれすれにして乗って練習したりするような例示になった。

　また、「足場の低い易しい竹馬などに・・」とあるように「など」であるから竹馬と関連する用具を使っての歩行も可能となった事から、例えば竹ぽっくりや三角竹馬等の利用もその一つと考えられる。

　次に、乗れない場合の対応について見ると、平成２０年度の小学校３、４年生では「友達に補助されながら乗る」とあり、平成２９年度には「補助を受けながら竹馬に乗る」と変化している。
　これは、友達にだけ補助を限定すると補助する側が乗れない者同士での補助では中々全員が上手く出来るとは限らず、補助の仕方も学習しなければならない事になるのを考慮している。

　平成２９年度には、「補助を受けながら・・」と変化している事から、これで教師や大人、自分より上手な人等も補助の対象として可能になった事を意味していると考える事も出来る。

　また、一輪車でみると、平成２０年度には友達だけで補助を受けるとした練習法を平成２９年には、平行棒のような手すり等の補助を借りて練習する『場の設定』も加味しているとも読み取れる。

（2）　竹馬遊びや学校予算との関連等

　平成元年度、竹馬と一輪車が導入された事により当時現場は対応に苦慮した。それは、学習内容が変わるとその教材を必要人数分学校で購入しなければならないからである。
　竹馬や一輪車の場合、同じ学年でも身長・体格等が違う為、竹馬の場合は最低二種類、一輪車の場合3種類のサイズは揃えなければならず、どのサイズを何台準備購入するか等の課題もあった。

　更に、学校に割り当てられる年度予算は総合予算で限りがあり、体育科だけに使える訳ではなく、まして竹馬や一輪車だけ毎年購入する訳にもいかない。計画購入出来なければ、学習に差し支える事も考えられ、手入れや管理が行き届かないと壊れたまま放置され、使える台数は減って支障をきたす。これは竹馬だけに限らない。

　次に、人数分や体格に応じた準備台数となると、竹馬だけでみても3タイプ合計最低２０セット程度は必要で、整理棚や置く保管場所等の問題もあり、限られた用具倉庫や学校の施設設備上頭を悩ます事の一つである。
　しかし、利用状況を見ると竹馬や一輪車は子ども達に大人気で、大休憩や休み時間等に引っ張りだこである。
　ところが、利用する分汚れやほこりも付着し高さ調節ネジ等のずれや緩みも発生して、あっという間に錆び付いたり壊れたりしてしまう。
　そこで錆びやパンクはもとより、部品交換の必要なものやその取り寄せに時間を要し、利用する一輪車や竹馬が少なくなると、最後には調整不能になる一輪車や竹馬が続出する。

　各学校に於いては、体育教科部の日常の管理・安全点検、修理等を継続する事が必要である。子ども達が安全に、常に利用出来る為の管理運営を心がけたい。

3　竹馬の練習と学習・進級カード等の作成と利用について

　現在の体育科では竹馬や一輪車を行う時間はせいぜい４、５時間程度で、経験したとか行っ
たに過ぎず、乗れるまでに必要な時間や技の習得に十分とは言えず、すぐに全員が乗れるよう
にはならない実態がある。
　体育の時間に合わせ、大休憩等の自由時間や家庭での遊びの中で継続して練習する事により、
乗れるようになるという事も多い。

　しかし、竹馬遊びを観察すると特徴として竹馬で前に歩く事に慣れてくると、ほとんどの子
どもは竹馬を１ｍほどに高くする「高（たか）・竹馬歩き」をしている様子が見られる。
　竹馬の足乗せ位置を高くし、普段自分の身長からでは得られない、人を見下ろすような高さ
の視界はある種の優越感や独特のものがあり、それはそれで素晴らしい。
　しかし、実は２０ｃｍの足場の高さの竹馬でも１ｍの足場の竹馬でも一度乗れるようになると
高さでの技術的には差がないと思って良い。
　高くして乗っている子に、「この乗り方してごらん」と言うと、ほぼ全員出来ないので、高さ
と技術は一致しない事が分かるエピソードである。

　子ども達の場合、乗れないと諦めて練習しなくなり、ごく一部の子どもしか竹馬や一輪車を
行わなくなりがちである。
　特に、男子は女子に比べ一輪車や竹馬にあまり興味関心を示さず、休憩時間等で練習する姿
を見る事が少ない傾向にある。

　現在、学習指導要領は例示であり全員出来る事を想定した動きを示している。そこで出来た
場合について文部科学省では、平成１１年度以降いわゆる『学習内容の歯止め規定の撤廃』を
した事により、発展学習が可能になった事は周知のことと思う。
　つまり、学習指導要領の例示は学級・学年の全員達成を前提としているので、小学校１、２年生、
３、４年生の例示が出来れば、学級や学年で次の課題が準備されなければならない事になる。

　そこで、進度が違う子ども達の為の目安や目標、目当てとなる進級カード等の準備が必要と
なるのである。
　目当てを持って、諦めずに自力で練習していけるような発展系統を考慮した、スモールステッ
プの進級カードや検定カード等があれば、全員が意欲的に取り組む学習となる。

　では、次に竹馬進級・検定カード例を幾つかの代表例を紹介しながら、それらの特徴と作成
上の配慮点や検討点等を含めて考えてみたい。

（１）　乗る種目と、距離を中心にした竹馬カード例

＜例１＞のカードについて

　【特　徴】乗っている時間、乗って進む距離、行う回数が示されている。
　　　　　　１４の課題があり、特に多くはないので取り組みの見通しが明確である。
　　　　　　初歩の入り口の級として、相手に補助して貰って乗る以外の級は、自分一人で練
　　　　　　習出来る。
　　　　　　距離中心であり、自分や友達だけでも出来たかの確認が容易である。

　【検討点】距離そのものは自分では常時は測れない為、目安になる園庭や校庭、公園等大き
　　　　　　さや広さを考えて、いつでもどこでも分かるものだと良い。
　　　　　　乗れるようになった所で主に距離が段階的に示されているが、距離は一体どこま
　　　　　　で乗れれば良いのかを統一してよく考えると共に、何故その距離なのか根拠を明
　　　　　　らかにしておきたい。
　　　　　　１００ｍ歩けるようになった所で両足や片足が出て横や後ろがかなり上の段階に
　　　　　　なっているが、難易度や発展としての位置付けを検討したい。

　　　　　　前・横・後ろ、歩く、走るで構成されているので竹馬の基本としての動きは出来
　　　　　　るようになると思われるが、利用する対象や実態によっては、これに、姿勢や乗
　　　　　　り方の変化を加える事も出来る。

＜例１＞ 距離中心のカード例

級等	できるようになること	合格した日
１０	相手に支えてもらってのる	
９	５秒間竹馬に乗る	
８	一人で　５ｍ歩く	
７	一人で２０ｍ歩く	
６	一人で５０ｍ歩く	
５	一人で１００ｍ歩く	
４	片足とび１０回	
３	両足とび１０回	
２	横歩きで２０ｍ歩く	
１	横歩きで５０ｍ歩く	
初段	ピタッと静止（止まる）	
二段	後ろ向きで２０ｍ歩く	
名人	後ろ向きで５０ｍ歩く	
達人	前向きに１００ｍ走る	

（２）　乗る距離とタイムを採り入れた竹馬カード例

【特　徴】目標とする距離を入れ、進級が進むにつれて乗って歩くスピードも速くなるという事を想定して、最後にはタイムに挑戦するという方法を入れて作成している。

目標とする距離やタイムは達成したかどうかの判断基準は分かり易い。

【検討点】目標とする距離の位置はどこなのか、分かるようにしておく事が必要である。
また、１０ｍ～１００ｍ、更に運動場一周等、どこまで距離は乗れれば良いのか、その理由についても明らかにする事は大切である。
タイムの場合ストップウォッチが必要で、一人では計れないので最低もう一人は必要な事からいつでも使って確認出来るよう準備しておきたい。

ところで、乗る距離とタイムには、どんな相関関係があるのだろう。
この点を明らかにして、カードに入れる事が大切である。
沢山の距離を乗っているうちに竹馬が自分の体の一部のように馴染んで、次第にタイムも短くなる事は理解出来る。理論的には、足より竹馬が長い為タイムは走るより速くなる、という事になる。小学校４年生で竹馬で３０ｍを４秒位で走り抜けた例もある事からも裏付けられる。
しかし、このタイムの目安は一体どの位の記録であればよいのかという点で、多数のサンプルを取ったかや何を根拠にして利用し、また信頼度はどうなのか、どのレベルを想定したタイムを要求しているか、期待する達成度はどうなのか等を明らかにする事が大切である。

参考として、小規模校ではあるが、竹馬教育を１９７６年から４４年間にわたり取り組んでいる、九州の小学校で２０１９年１２月に開かれた竹馬大会での優勝タイムを見ると、次のようである。(裸足で、校庭で実施)

＜小学校竹馬大会・竹馬走学年別距離タイム比較表＞

学年	走　距　離	性別	タ　イ　ム
１年生	３０ｍ竹馬走	女子	１５秒３３
		男子	１８秒３８
２年生		女子	２２秒７７
		男子	８秒６７
３年生	５０ｍ竹馬走	女子	１５秒５０
		男子	１５秒３５
４年生		女子	１８秒９４
		男子	１８秒１４
５年生	１００ｍ竹馬走	女子	２９秒１９
		男子	２６秒８６
６年生		女子	２２秒８６
		男子	２５秒３１

　年間を通して、竹馬に取組んでいる場合の一つの参考例であるが、基準タイム等が掴みにくく、これが全ての学校に当てはまるかどうかは、検討しなければならない。

　繰り返しになるが、信頼されるタイムデータと納得出来る根拠を明らかにしながら、どのように級に入れたり位置付けたりするかが大切である。

＜例２＞ 距離とタイムを採り入れたカード例

級　等	認　定　の　基　準	月/日	確認
１１級	補助具を使って１０ｍ歩く	／	
１０級	補助具を使って３０ｍ歩く	／	
９級	自分の力で１０歩歩く	／	
８級	自分の力で１０ｍ進む	／	
７級	３０ｍ進むことができる	／	
６級	５０ｍ進むことができる	／	
５級	１００ｍ進むことができる	／	
４級	運動場を一周できる	／	
３級	後ろで１０ｍ進むことができる	／	
２級	後ろで５０ｍ進むことができる	／	
１級	５秒間静止することができる	／	
特　級	５０ｍを２５秒で走ることができる	／	
名　人	５０ｍを１５秒で走ることができる	／	
達　人	地面のハンカチを拾うことができる	／	

（3）　様々な技を発展系統的に採り入れた竹馬カード例

①　＜例３＞のカードについて

【特　徴】乗る時間、乗って進む距離、行う回数が示されている。
　　　　　１２の課題はそれ程多くないので、取り組みの見通しが明確である。
　　　　　一人で行う技以外に、他の人とも協力して動いているなわを跳ぶという級を含め、
　　　　　様々な動きが出来るような級を入れている。

【検討点】一人で乗れる課題から始まる事を想定したカードであるが、全くの初心者の１０
　　　　　級より前の課題となる動きが入っていると更に取り組み易い。
　　　　　一人で行うものは良いが、長なわを回して貰ったり、タイムを計るとなると、ストッ
　　　　　プウォッチ等を準備する必要性があり一人では無理がある。

　　　　　５秒や、１０秒、更にに５分間等、行う時間やタイムの根拠、回数や技の難易度
　　　　　の系統発展としての級の配列はどうなのか等、技も距離もタイムもと幅広いのは
　　　　　良いが、そのねらいも含め検討の余地があるようである。

＜例３＞ 時間や技、他の道具との組合せを採り入れたカード例

級　　等	行　　う　　動　　き	確認
１０級	５秒間竹馬に乗る	
９級	１０秒間竹馬に乗る	
８級	竹馬に乗って５０ｍ歩く	
７級	幅３０cmを３０ｍ歩く	
６級	５分間竹馬に乗る	
５級	片足とび１０回と両足とび１０回	
４級	横歩きで１０ｍ歩く	
３級	後ろに１０ｍ歩く	
２級	しゃがみ歩きで５ｍ歩く	
１級	高さ３０cmのバーを１０回越える	
名　　人	長なわとびの中で両足１５回、片足とび１分	
達　　人	２０ｍを１０秒で走る、静止５秒	

②　＜例４＞のカードについて

【特　徴】初心者が乗るのに必要な補助的な動きから一人で出来る難易度の高い技まで多く
　　　　　の級が用意されており、発展系統を考慮した統一した考えを基に作成されている。
　　　　　また、カード内の級には時間を要求する技はないので、最初の補助以外は全て一
　　　　　人で練習出来、次の課題も明確である。

　　　　　学習指導要領に示された小学校１年生の補助乗りや補助具を使った動きから、小
　　　　　学校高学年までを見通した段階の級が入っている。
　　　　　級の距離は全てが１０ｍまでに統一されて分かり易く、少し頑張れば出来る動き
　　　　　として挑戦し易い。

基礎的な易しい動きから難しい動きまで、前・横・後ろの乗る方向と足の部分の内側や外側、そして背面と足乗せの変化、一本で乗ったり、担いだり、刺し込んだり、拾ったりという姿勢変化等、竹馬が持つ特性として多くの動きを身に付けられるような級が入っている。

【検討点】級の動きの中に説明だけではよく分からない動きもあるので、実施に当たっては、図や写真、動画等の準備があると良い。

多くの級があり、達成まで実施者によってはかなり多くの時間を要し、短期間では全て達成出来ない動きがあるので、やや長期間取り組む課題である。実態に応じ、下学年用や高学年用、低・中・高学年用、初級中級と上級者用で分ける取り組みカード等も考えられる。

＜例４＞ 補助から前後左右姿勢変化等を採り入れたカード例 〜〜 途中省略部分

級　　等	行　　う　　動　　き	印
２５級	竹馬一本を両手で持って片足は乗せ、もう一方の片足は地面で乗り越すように１０ｍ前に歩く	
２２級	補助してもらって１０ｍ前に歩く	
２１級	補助してもらって片手５ｍずつ手を交代して前に歩く	
２０級	前に５歩歩く	
１９級	前に５ｍ前に歩く	
１８級	前に１０ｍ前に歩く	
１７級	横に往復１０ｍ歩く	
１６級	後ろに１０ｍ歩く	
１４級	竹馬の足を内側にして乗り１０ｍ前に歩く	
１１級	スキップ乗りをしながら１０ｍ前に歩く	
７級	その場で片足を軸に左右に３６０度１回転する	
６級	竹馬の持つ手を交換して１０ｍ前に歩いてもとにもどすことができる	
５級	竹馬一本に片足で乗り１０ｍ前に進む	
１級	竹馬の足を前に向けて背面で乗って１０ｍ前に歩く	
特　　級	乗ってから片方の竹馬をかつぎ、ケンケンを１０回してもとに戻して乗ることができる	
名　　人	下に置いた帽子などを拾うことができる	

　以上、参考として四つの例を紹介したが、細分化すれば更に多くのカードがある。
　その他の例では、特に上級段階に合格する為に、ある一定の種目の中から幾つか出来たら合格とするカードもあるが、その場合はその段階で何故その幾つかの技が出来なければならないのか等を明らかにしながら、考慮して作成したい。

　次に、これまでの紹介参考カード例から、進級カード、検定カード等の竹馬カードを作成する際の配慮点等をまとめてみたい。

（4） 竹馬カード等作成上の配慮点

① 学習指導要領の例示の技や動きを採り入れ、評価まで見据える

　これまで、学習指導要領の例示は該当する学年で実施対象者全員が到達する事を目標にしている事は先にも述べた。

　そこで、その中で竹馬に関する記述から小学校で１〜４年生までを見通したカードを作成する場合、評価との関連からもその項目は入れて作成したい。

> 学習指導要領を具体的に見ると１、２年生例示は、
> **「足場の低い易しい竹馬などに乗り、歩くこと」**とある。

> また、３、４年生の例示は、
> **「補助を受けながら竹馬に乗ること」**とある。

　以上の例示から、次の事に配慮して竹馬カード等を作成する事を考えたい。

ア　竹馬の高さについて初歩や初級では何cmの高さで始めるかという約束を決める。
　　次に、○級からは何cmにして統一して挑戦するという最低２段階の高さで取り組む。

イ　竹馬など・・であるから、ぽっくりや三角竹馬等を採り入れるような、竹馬準備・練習的な級や動きを採り入れた竹馬カードにすると、先生方や指導者が練習の場の設定で一人ひとり全員に関われない場合も、個々に目標を持って個人練習が出来る。

ウ　補助を受けながら・・とあるので、その部分を級として入れる。この場合、補助には、次の３点が考えられる。

> 1　教師や大人の補助で行う。
> 2　友達の補助の場合は、補助の仕方やこつを掴んで先に乗れるようになっている
> 　　友達との組み合せをしたい。
> 3　低い竹馬から始め補助足を付ける。補助足は１０cmなので補助者がいない場合、
> 　　一人でも練習出来る、等である。

エ　カードを初心者・初級までを１枚とし、以後中級以上をもう１枚として二種類作成しても良い。
　　または、カードの表裏で初心者から上級まで見通せるよう作成工夫をしても良い。

② 挑戦する動きや技に何を採り入れるか決め、根拠を示す

　決める時に考慮する点として、距離、タイム、技等が中心として考えられるが、これらには作成する側の意図が大きく関わり、それによりカードの性質ががらりと変わってしまうので注意したい。

　作成時最初に考えるのは、実施対象学年は何年生なのか、そして竹馬の取り組み前の実態から、どれ位の段階まで達成出来るか等を考える事から始めなければならない。

　例２、例３の進級カード例で述べたが、ある程度乗れるようになったら、どんどん距離を伸ばしたり、急にタイムを要求したりするのではなく、ねらいや目標にどう向かわせるかの作成者側の意図と、実施者にとって分かり易く、スムーズな取り組みであるか等を考慮して採り入れるよう配慮したい。

　実施に当たっては、誰もが納得出来る技の系統・発展性、距離の必要性、タイムの設定の根拠等を示す事も大切である。

例えば、学校の実態からスポーツテストの５０ｍ走や１００ｍ走のタイムを基に、タイムの平均を基にして竹馬の場合はその何割や何倍にするか、または５０ｍ走の何％だと達成とするかを算出したりするのもその方法の一つと考えられる。

他に、片足ケンケンで走ってみる。後ろ歩きをしてみる、竹馬に乗って考える場合は、歩けるようになった子ども達の１０ｍ歩きや動きから秒数を割り出し、それを算出し、何％がジョギング程度、何％が全力に近い等の動きを総合的に見る方法も考えられる。

しかし、元々走力がない場合、竹馬に乗って指定されたタイムに近付く事は難しいと考えられる為、タイム設定の信頼度を築くのはかなり難しい。

更に、カードが距離だけ、タイムだけと一つの方向だけで取り組んでしまう事により竹馬の特性が偏ってしまったり、逆に距離もタイムも技もと幅広く根拠が明確でないまま十分考慮せず入れると、難易度の逆転や位置付け、場合よっては活動の停滞にもなり兼ねないので、ねらいや目的等をはっきりさせて作成したい。

③　取り組む時間や期間等を考えて作成する

体育の授業時間内だけで使うカードであれば、竹馬だけ行う時間は限られている為、学年の例示を含め授業評価との関連で最低限の５、６種目の技だけに絞って作成する事も出来る。

また、学校全体の体力作りや認定方式として、全学年で使用出来るカードを作るのであれば、６年生までを見越した系統発展の技を入れたカードになる。
実態と共に、達成までの期間や取り組み期間、達成人数の想定をも見越しながら、カードを作成する事が大切である。

④　取り組み方法を考える

単学年で、低学年、中学年、高学年で、全校での取り組むのか等によって、カードの種目や種目数、難易度も変えた作成になる。
また、評価との関連で体育時を中心に、朝や大休憩、放課後、特別活動も含めた取り組みで作成するとなれば、種目はおのずと多くなる。
更に、学校の説明責任として活動や取り組みを家庭への啓蒙や連携、協力を仰ぐ事を考慮して紹介し、家庭に協力を仰ぎその練習を加味して実施する方法も考えられる。

実施後は、認定証や合格証等を作成して与えたりする事で、意欲を喚起し更なる関心意欲を高めると共に、継続化させたい。取り組み終了時点で達成度を集計すると共に、考察を加えて学校便りや体育部だより保健便り、ホームページ等で家庭へ紹介しご意見を戴くのも良い。

学校での取り組みは、単年度だけでなく複数年継続していく事で年度毎の比較や次年度の目標ともなり、子ども達全員の力になる。正に特色ある学校作りとして継続する中で、実態により求める級等の段階や技を入れ替えたり修正変更も考えたい。

⑤　竹馬カード等に使用する取得段階の表記語彙を考える

竹馬カード参考例（１～３）にもあるが、竹馬は日本の昔の遊びの一つとして、竹馬の進級や検定・がんばりカード等を作成する場合の語彙についても和式の語彙を使用し、級から始まり、特級や段・達人・名人等の名称を取得段階として使用している例が多い。
ところで、最終的な取得段階語彙としてよく使用されている「達人」と「名人」では、どちらが上なのかという点を考えてみたい。

広辞苑や国語辞典等をみると、次のように書かれている。
「名人」とは、技芸に優れて名のある人とある。
「達人」とは、学術または、技芸に通達した人、達士とある。

どちらもその道に優れた素晴らしい人達である。

　ほぼ同じような意味とみられるが、例えば匠の技としてその域に達した人を達人とし、達人の中から名のある名工と呼ばれる名人がいるという事、囲碁や将棋の達人と言われる人達が目指す最高位を「名人戦」と言い、「達人戦」はない。

　その道を究め、ある域に達した「達人」が１００人位いたとして、この中でわずか一握りの人が名のある「名人」となる、と言う考えが分かり易いようである。

　これらを考えると取得段階としては、「達人」位→「名人」位として名人が高い取得段階として良いのではないかと考えられる。

　また、関連として取得段階を考える中で、「仙人」や「神様」「王様」「チャンピオン」「横綱」等の名称も楽しいが、語彙や名称の統一性を図る事に注意したい。

⑥　竹馬カード作成時の主な観点を考える

　竹馬カード作成時に、動きや技等を考える場合、次のような分類や構成要素を参考に行うと良い。もちろん、これが全てではないが進級表や検定カード、新技の開発に参考になるだろう。
　尚、三角竹馬についてもこの表に準じて動きや技を考えたい。(次頁参照)

　更に、組み合わせたり置いたりする道具等を考えると、遊びやゲームとして活用出来る。(下表)

＜ゲームや遊び、コース等の構成表＞

項　目	内　　　　　容
乗る場所 コース	平面　不整地　坂・山　階段　砂場　ぬかるみ　水中 直線コース　斜行・蛇行コース　８の字コース　等
他の用具と の組合わせ	＜主に持ったり動いたりする物＞ 各種ボール・バランスボール　お手玉　けん玉　クラブ　皿回し皿 各種なわ（短なわ・二人組用中なわ・長なわ・ダブルダッチ）等 ＜主に置く物＞ 輪　とび箱　平均台　棒　ゴムタイヤ　ミニハードル　（ミニ）トランポリン　プレート・板　紅白お手玉　段ボール　はしご・ラダー　コーン　旗と台　等
そ　の　他	距離を長くする　タイムを計測　竹馬徒競争　竹馬リレー ゲーム（ジャンケン、鬼ごっこ系、すもう、陣取り、サッカー等）

先人の背面乗り

＜竹馬の動き・技の分類・構成要素表＞

項　　　目	内　　　　　　　　　　容
竹馬の長さ	普通　長い　極端に長い　短い　極端に短い 片方長く、もう一方を短く　等
竹馬の重さ	重い　軽い　片方重くもう一方を軽く　等
竹馬の材質	竹製　木製　金属製（スチール・アルミ）　硬質プラスチック　等
足　乗　せ	低く　高く　高低ずらし　一個付け　二個付け　多個数付け 広い　狭い　長い　短い　等 　（※　足乗せは、足場や足掛け、横木　等とも言う）
持　つ　本　数	一本持ち　二本持ち　三本持ち以上　等
持つ手の状態	両手持ち　片手持ち　片手持ち替え　　交差持ちとその変化 両手上下放し持ち　　腕を曲げて持つ　腕を伸ばして持つ 片手放しとその変化　両手放しとその変化　等
持ち手の位置や向き・形	上持ち　　　　　下持ち　　　上向き持ち　　　下向き持ち 前向き持ち　　後ろ向き持ち　　横向き持ち 包み持ち　　　まとめ持ち　　　平行持ち　等
竹馬の状態	下に寝かせて置く　立てる　立て掛けておく　回転させる　等
乗　る　人　数	一人で　二人で（向かい合って・おんぶして）二人三脚で　等
乗　り　始　め	片足ずつ乗る　両足同時跳び乗り　両足同時跳び片足ずらし乗り 後ろから乗る　横から乗る　　開いて乗る　　足を打って乗る　等
足乗せ向き	手前　先端　内側　外側　内外交互　背面　前後交互（背面）等
乗ってからの足の動作	片足を内側に離す　　片足を外側に外す　　片方に両足で乗る 足乗せから跳び上がり　　足乗せから跳び上がり足打ち 両足をクロスする　　開閉する（前後・左右）　　等
持ち方、手や腕の状態	両手持ち　　　片手持ち　　　片手持ち替え　交差持ちとその変化 持ち替えとその変化　片手離しとその変化　　両手離しとその変化 腕を曲げて持つ　　腕を伸ばして持つ　等
姿　　　勢	立位正面向き　しゃがむ・屈む　担ぐ　背負う　持つ　投げる 上げる　つく　拾う　等
移動方向等	前方　後方　横（側方）　直線　蛇行　斜行　円形（楕円） 静止・その場　　回転（半回転・一回転）　　上がる　下がる　等
移動の仕方 足の状態	歩く　走る　跳ぶ（片足・両足同時）跨ぐ　小刻み　その場足踏み 大股　もも上げ　片足ケンケン　スキップ　ギャロップ　継ぎ足 サイドステップ　かに（横）歩き　前や横に振る　抜き刺し　等

第6章　竹馬を使った体操や準備運動

「自分一人で竹馬を練習する時に、体操や準備運動をしていますか。」と問いかけたら、学校での体育の時間以外は、おそらく竹馬の練習前に体操や準備運動をする人は少ないのではないだろうか。

　ここで、一般的な準備運動の他、竹馬を使って出来る体操や準備運動の代表例を紹介する。これは、特に竹馬の動きに生かせるよう練習的なものを意識して、自然に竹馬に慣れるようにと考えた体操例である。動きの中には、ストレッチや体幹トレーニングにもなるような動きも含まれているが、竹馬を持って振り回すような動きは、周りにも危険が及ぶために取り上げていない。

　あくまでも例として、竹馬を持って行う動きと置いて行う動きに絞って紹介する。その他にも本来であれば座ったり寝たりしても行う事も出来るが、竹馬は立って行う動きが主なので、ここではその部分についての紹介を省いた。

　体操例であるので、自分なりに工夫して体操や準備運動を考えてみるのも面白いだろう。
　実施する場合は、周りの安全を考慮し広く間隔を取って行うようにすると良い。
　小学校低学年等は、竹馬が重い為に持って行う動きがまだ難しい場合は、簡単な動きに絞って行うだけでも十分である。

1　竹馬を持って行う体操について

　竹馬は持つと結構重いので、重さや長さを感じながら持って動くのも竹馬練習前には良いだろう。ここでは、一本で行う体操と、二本を使って行う体操を紹介する。

（1）　上体の運動例

＜竹馬を持って上下運動＞

胸や肩、背中を伸ばすようにすると良い。

＜竹馬を持って体前後屈＞

ゆっくり前後したり、少し弾みを付けたりしても良い。

＜竹馬を持って左右体側屈＞

竹馬の左右の先端が床や地面に付く位曲げると良い。

48

＜左右上体振り＞

流れるように左右に振りながら行う。
次第に大きく振ったり、上げる時に合わせて竹馬の方に顔を向けたりすると良い。

＜竹馬を持って体回旋＞

体回旋は、膝や肘を曲げないようにすると共に、背筋も伸ばすように行うと良い。
また、左回旋も右回旋も行うようにする。
写真は、左から右回旋をした場合の動き方例である。

<竹馬を前に持ち、体を左右に捻る>

<竹馬を背中側に挟んで持ち、体を左右に捻る>

<竹馬を前に持ち、ジャンプしながら上体を捻る>

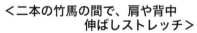

　体を捻る場合は、前に持つ、背中側に持つ、両腕を上げて持つ、膝を曲げながら捻る、ジャンプしながら捻る等様々な動きが出来る。

（2）　肩関節の運動例

<竹馬を背中側に持ち、腕を上下する　　　　　　　　<二本の竹馬の間で、肩や背中
　　　背中側の肩伸ばしストレッチ>　　　　　　　　　　伸ばしストレッチ>

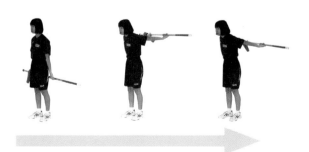

　肩関節の運動はあまり行わないので、是非取り入れると良い。

竹馬をやや広く持ち、前から後ろに、後ろから前に肩を中心に回す

肩の柔軟性があれば、竹馬を持っている幅を徐々に狭くして前後に動かすと良い。

（3） 下肢の運動例

① 足を振る

体の前に竹馬を2本立て、片足を左右横に振る

竹馬一本でも左右横に振る事が出来る。一本の場合は両手で持った方が安定する。

体の脇に竹馬を一本立てて、片足を前後に振る

竹馬を脇に置く場合は、右に置いて左足を振る、または左に置いて右足を振る、という行い方と、右に置いて右足を振る、または左に置いて左足を振るという行い方の左右両方向が出来る。また、竹馬を二本を立てて持ち、その間で片足を前後に振る事も出来る。

② 足を出したり、曲げたりする

竹馬を横に立てて、足を左右横に出しながら膝を曲げる

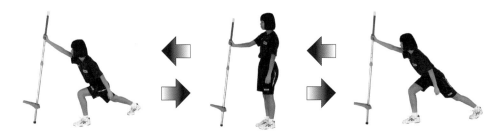

竹馬を横に立てて、足を後ろに下げて前足の膝を曲げる

竹馬を両手で持ち、前や上から片足を前に深く曲げて出す

竹馬を片手で持ち、片足を前に出しながら前や上に上げる

　この動きは、前に出した足の腿や股関節周りの体幹運動になる動きである。左右の足を交互に出したり、どちらかの足を繰り返して出して、次に同じ回数を反対足で行ったり、手を捻ったり、竹馬を立てたり竹馬を持っていない手や腕を横に出したり上に上げたりと、様々な行い方を工夫する事で、筋力を付けたり、バランス感覚を養ったり、体幹運動やストレッチ的な運動にもなる動きとなる。

中腰で片足交互前出し

　この動きは、中腰姿勢で竹馬と腕を肩の高さ辺りで前に出し、交互に片足を前に出したり戻したりする動きである。見ているより結構きつい運動で、背筋や腰や腿辺りの筋力を付ける体幹運動にもなる。更に片足を交互に左右横に出す動きも出来る。

（4）　その他の運動例

①　ジャンプする運動

　竹馬一本を持ち、ジャンプしながら下と中間と上で手と足を変化させる。

＜下で閉じて上で開く＞

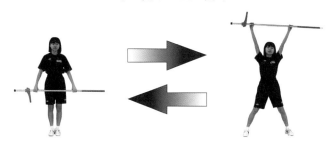

＜下で開いて上で閉じる＞

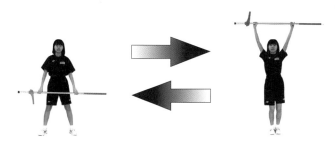

＜下で開いて、胸の前で閉じて、上で開く＞

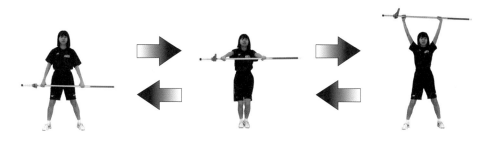

持っている竹馬にやや力を掛けてジャンプしながら、上体を軽く捻ったり、空中で足を合わせたり、片足で軽くジャンプしたり、かけ足で足を交互にジャンプしたりするような工夫も出来る。

<竹馬２本の間でジャンプ>

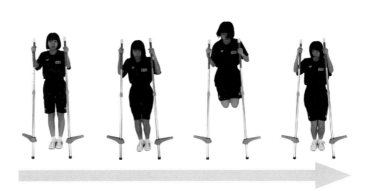

② 抱えたり担いだりして行う運動

　竹馬を持ったり、抱えたり、担いだりする動きは、軽く、小刻みに、前後左右や左右に回転する等、工夫して動く事が出来る。竹馬の重さを感じ、バランスを取りながら行う事により、竹馬の級の中にある担ぐ動きや技の練習等にもなる。
　また、足は両足の他、片足、かけ足等でも行う事が出来る。

<竹馬を抱えてジャンプ・一本を抱えて>　　　　　　　　<二本を抱えて>

<竹馬を担いでジャンプ・一本担ぎ>　　　　<二本担ぎ>　　　<片足二本担ぎ>

③　バランスを取る体幹的な運動

竹馬一本を使い、その持ち方や体の倒し方によって体幹を鍛える運動となる。
この例以外に姿勢を変えると、多くの体幹バランス運動が出来る。

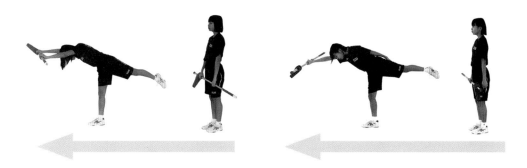

竹馬一本を両手や片手で持ち、上体を倒し片足を後ろに上げる

竹馬一本を持ち、斜め上に上げながら体を横に倒して反対足を上げる

西洋の竹馬人形

2 竹馬を置いて行う運動について

　竹馬を置いて行う動きは、一本でも二本でも三本以上でも出来るが、一人分の二本までで良いだろう。二本まとめて置く場合は、踏んだりしないよう注意が必要である。

　これらの動きを、竹馬を持ったり抱えたり担いだりしても出来るが、運動に竹馬の重さも加わる為、無理しなくても良い。置いて行う場合は、金属製竹馬では、特に踏んだり引っ掛けたりして怪我をする事がないように注意したい。

（1）　竹馬を一本置いて行う運動

置いた竹馬の周りを走る

中央を使って8の字に横切ったり跨いだりしながら走る

片足ケンケンしながら走る

　竹馬一本で行っているが、二本を繋ぐように置いて長くして行う事も出来る。

　かけ足で走ったり、後ろ歩きをしてみたり、スキップで回ってみたり、片足で竹馬の前側と後ろ側で足を替えてみたり、8の字に横切る時に足を替えてみたり、拍手を付けてみたりと、様々な応用変化が可能である。

前後に左右の足を入れ替えて移動する

両足で前後にジャンプして移動する

どちらか片足で前後にジャンプして移動する

竹馬の左右にジャンプして横移動する

竹馬を跨いで立ち、ジャンプして空中で足の横や裏を合わせる

左右に１８０度半回転して移動する

　１８０度半回転は、前から回る１８０度半回転と、後ろから回る１８０度半回転がある。回転時や着地時に、バランスを崩したり竹馬を踏んだりしないよう注意する。

（２）　竹馬を二本置いて行う運動

竹馬二本を平行に置き、二本の中と外で足の開閉をする

竹馬二本を半分ずらして置き、前に移動する

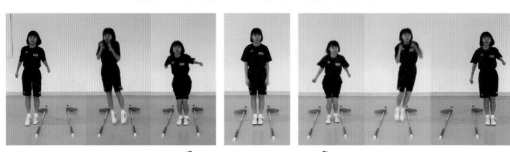

中央から右へ　◀━━━━━　　━━━━━▶　　中央から左へ
竹馬二本を平行に開いて置き、左右横に移動する

　横移動は、端から順に移動して戻る、中央から左右に移動して移動毎に中央に戻る方法等がある。また、足は横に両足や片足、交互に片足で行う事も出来る。

竹馬二本を平行に開いて置き、一本ずつ１８０度半回転しながら横移動する

　１８０度半回転移動は、中央から左右への移動と、端から端に往復して移動して戻る方法がある。この１８０度半回転も同方向や異方向での回り方と、前回りと後ろ回りの１８０度半回転が出来る。

＜竹馬二本の中と外を３拍子のリズムで移動する＞

中から右側への３拍子移動（右外・中・中）

中から左側への３拍子移動（左外・中・中）

　３拍子は、１で外に足を出して下ろし、一方の中央側の足を上げる。２、３で中に足を下ろして戻す、という動きになる。左右どちらからでも出来る。
　動きに慣れると、正確に速くスムーズで軽快に動く事が出来る。

竹馬二本を肩幅位に平行に開いて置き、一本を跨いで横移動

反復横跳びでラインを跨ぐように横移動する動きで、左右どちらにも移動出来る。

竹馬二本を重ねて十字に置き、出来た４つの部分の間を移動する

　十字間移動は、両足でも、片足でも、交互に足を替えても出来る。
　また、前回りや後ろ回りも出来る。更に移動する毎に回り方を変化させる事も出来る。

竹馬二本の端を４５度に繋いでジグザグに移動する

　４５度移動は、両足でも、片足でも、交互に足を替えても出来る。
　また、前回りや後ろ回り１８０度半回転のどちらで移動する事も出来る。
　更に、往復したり、中央近くを移動したり、大きく外側を使って移動したりする事等動き方
を工夫する事も出来る。

　　これらの動きは、一般的な竹馬を使ってのあくまでごく一例としてヒントや参考程度の紹介
をした。三角竹馬の場合でも動きが出来なくはないが、形状からして体操的な動きは行いにくい。
　　もし三角竹馬の場合の体操も行うのであれば、竹馬の例を参考に出来る動きをよく考えて、
危険でなければ行うのも楽しいだろう。

第7章　三角竹馬の技と乗り方

　三角竹馬は、通常の竹馬同様素晴らしい遊び道具である事は間違いない。
ここからはもう一つの竹馬と言われている三角竹馬について、その特性や作り方、乗り方等について紹介したい。

1　三角竹馬の特性と作り方について

（1）三角竹馬の特性

　三角竹馬は通常の竹馬同様バランスを取りながら乗って歩いたり、動いたりする点は似ているが、竹馬の持ち手部分や足乗せ部分が一体固定化しており、点と線と面で見ると、通常の竹馬より全てにおいて、バランスを取り易くなっている事が分かる。

　また、構造上通常の竹馬とは違い、回旋円運動やコンパスのような小刻みに制御されたような動きや技となり、技の多くは竹馬より重心移動が小さい為、通常の竹馬よりも安定して乗れると考えられる。

　通常の竹馬よりは動きのダイナミックさはやや欠けるが、その特性から三角竹馬だけに出来る動きや乗り方もある、楽しいスポーツ的な遊び道具である。

　三角竹馬は、転倒や怪我をするような危険性が少なく、よちよち歩きに近い動きで違和感もない所からも、早い子どもでは2歳以降辺りから乗れ始めるようになり、4、5歳の幼児では、わずかな練習ですぐに一人で乗れる安全な道具である。

（2）三角竹馬の作り方と乗る高さ

　三角竹馬の市販品もあるが、高価で受注販売が主で通常店頭で商品を目にする事は少ない。安価で手間が掛からず、すぐに製作出来る自作をお勧めしたい。

　製作する場合、角材三本と木ネジ、ボルト・ワッシャー、ドリル等の工具があれば20分程度の時間で簡単に出来る。最初慣れるまでは足乗せ部分を地面や床から10㎝位の高さに設置すると、それ程時間が掛からず乗れるようになる。地面に近いとバランスを崩して倒れても着地時の衝撃も少なく、転ぶ率も低くなり恐怖感も小さい。

　足乗せ部分の高さを5㎝にしても出来なくはないが、そうすると前歩きでは爪先が、後ろ乗りの場合は、踵が地面や床にわずかに触れて引き摺るようになる事があり、あまり低いのは乗って歩くという醍醐味も薄れてしまうので、10㎝位の高さで始めるのが良いだろう。

　その後はそのままの高さでも良いが、慣れるにつれ足乗せ部分の穴の位置を20㎝位の高さに上げて色々な乗り方に挑戦したい。その高さで乗れる頃には、安定して沢山の技や動きが出来るようになる。その後更に高くしても技術に違いは無いので20㎝で十分である。自作の場合、中央で交差して止めると交差した棒が左上と、右上の二つの仕上がりとなる。どちらでも同じように乗れるが、上級技や持ち方によって膝や足に当たるようになる事から、改良の余地がある。

2　三角竹馬の技と乗り方について

　前に歩いて乗れるようになると、次への目標や目当て等がないとすぐに飽きてしまい、取り組みも停滞しがちになる。

　そこで、通常の竹馬同様三角竹馬にも乗り方や技を考え、子ども達と共に実践しながら、次の**二種類の進級カード**を作成してみた。
　○ **一つ目**は、初級・中級カードの技や乗り方で38級から16級までのカード
　○ **二つ目**は、上級の技や乗り方で15級から1級までと、名人までのカードと、初級から上級まで、合計39種目の動きや技を入れた。

　カード内の動きや技の難易度は完璧ではなく、他の人が出来るのに自分はこの技が出来にくい等、個人によって得意不得意等で技の出来栄えや進度に差が見られる事がある。
　また、実態等も考慮し、順序や技を入れ替えたりする事も出来る。
　更に、この章の最後にカードの技以外の関連や発展的な技も幾つか紹介した。
　では、次に三角竹馬の技や乗り方例を具体的に一つひとつ紹介する。

これらの例を参考に、技を入れ替えたり更に工夫を加えたりする等してカードを作成し、楽しく行って欲しい。

（1）初級・中級の技や乗り方

38級 　前方両手持ち補助者付け乗り 10m

　竹馬を両手で持ち、補助して貰いながら前に10m進む動きの技である。
　最初はどうしても竹馬をぎっちり握り、体全体に力が入って体重を後ろに掛けてしまうので補助する側もかなり力を必要とし、重く感じる。そのような時補助者は「大丈夫、安心して力を抜いて前に体重を掛けて」等の声掛けをしながら行うと良い。補助は、実施者が一番上の部分を持つのでその手のすぐ下を持つ。実施者の足と手が前に出た時に、向かい合った対角となる手と足を合わせて引き、後ずさりするようにするとスムーズで動き易くなる。

37級 　前方片手持ち補助者付け乗り 10m

　竹馬を両手または片手で持ち、補助して貰って前に10m進む動きの技である。
写真は、実施者が竹馬を両方で持ち、補助者は片手補助で5mの所で補助の手を交換して行っている例である。この辺りの段階では、補助の手を交換する時にバランスを崩しがちとなるので、補助しながら「はい、手を交換するよ」と声を掛けたり、一度止まって手を交換してからまた進むという練習をすると良い。（写真下）
実施者が片手の場合は、少し慣れたら補助して貰いながら途中で止まって自分の手を替えて行っておくと、上の級で手を交換する技の練習にもなる。
　実施者は、両手持ちでも片手持ちでも乗れるよう両方練習しておきたい。

←補助の手を交換する

36級　前方両手持ち5歩

　竹馬を両手で持ち、前に5歩進む動きの技で、ここからは、いよいよ自分一人で乗る事になる最初の級である。

　最初は、どうしても足の動きが重く、引き摺るように地面や床に引っ掛かって前に進まず倒れたりするので、補助して貰った時を思い出して練習したり、最初の何歩かを補助して貰い、途中で補助を外して行ったりして徐々に乗れるようにすると良い。

　また、竹馬に乗らずに持ったままで足を地面や床に付けて歩く練習をするのも良い。

　但し、この技の注意点は、まず足を両足を乗せた段階でバランスを取らないと歩く前に倒れてしまうので、何度か両足を乗せてその場でバランスを取る練習も大切である。

　「両足を乗せて、3秒や5秒落ちないでいられる」というような級を入れても良いだろう。三角竹馬の場合、一歩の幅はせいぜい平均して20〜30㎝位しか進まない。

35級　前方片手持ち5歩

　36級を片手で行う技で竹馬をどちらか片手で持って、前に5歩進む動きの技である。

　これには二つの乗り方がある。一つ目は両手で竹馬を持ち、乗ってから片手を放して歩き始める方法と、二つ目は最初から片手で持って乗り歩き始める、という二種類である。写真では片手で持って乗り始める方法である。どちらでも良いが慣れて怖くなくなると、同時に両手で持ってから放す動作は面倒になり、徐々に片手で竹馬を持ったまま乗り、そのままバランスを取って歩き始めるようになる。

※３４級と３２級は距離のみ違う為、まとめて説明する。

３４級　前方両手持ち５ｍ

　竹馬を両手で持ち、前に５ｍ進む動きの技である。
　両手持ちと、片手持ちは交互に級に出て来る。両手は安定度は高いが、バランスの取り易さは片手乗りである。乗れるようになると、その違いも体感出来るようになる。
　５歩から５ｍへと、ある程度の力とバランスの安定度を高める為の動きの技である。

３２級　前方両手持ち１０ｍ

　竹馬を両手で持ち、前に１０ｍ進む動きの技である。
　３４級を更に距離を延ばし、１０ｍまで乗る動きである。三角竹馬での１０ｍ乗りは通常の竹馬の進みより時間がかかり、集中力も必要である。１０ｍ乗れればバランスも安定していると判断して良い。
　その為、２０ｍや５０ｍ等と距離を伸ばす方法も考えられるが、距離を幾ら延ばして乗っても技能レベルは変わらないので、技術を向上させる事も大切にしたい。

※３３級と３１級は距離のみ違う為、まとめて説明する。

３３級　前方片手持ち５ｍ

　どちらか片手で竹馬を持ち、前に５ｍ進む動きの技である。
　片手で持つ場合、通常得意な方の手で持つ事が多いので、この段階でどちらの手で持っても乗れるように練習しておくと、上の級でもスムーズに行う事が期待出来る。

３１級　前方片手持ち１０ｍ

　３３級を更に距離を延ばして、片手で持って前に１０ｍ進む動きの技である。
この辺りでは、すでに両手でも片手でも違和感なく挑戦して行く事が出来るようになっているだろう。
　それ程抵抗なく出来るようになる動きの技である。

30級　前方片手持ち5m持ち替え10m

　5mずつ竹馬を持つ左右の手を替えて、前に10m進む動きの技である。
どちらの手から始めても良い。
　前方の進み方の完成としての動きの技である。
　この頃には、この動きや技も抵抗なく簡単に出来るようになっているだろう。

29級　後方両手持ち5歩

　竹馬を両手で持ち、後ろに5歩進む動きの技である。
　いよいよここから、後方に進む最初の動きとなる。
　もちろん、ここまでに多くの動きを練習する中でそれ程抵抗なく出来る。
　前方との大きな違いは、一度乗った時は前に重心があるが、それを今度は乗りながら切り替えてほんのわずかに後方に重心を移すようにする所にある。

　通常多くの技を行う場合、前、後ろを交互に行って進級する事が多いが、通常の竹馬も三角竹馬も、前方がある程度安定して乗れないうちは幾ら後方を行っても時間が掛かるばかりで、中々出来るようにならない。
　前方系の動きや技をある程度一通りまとめて身に付けてから後方に入ると、抵抗なく一人で練習していけるようになる。
　この段階辺りではすでに恐怖心はなくなっており、両手5歩後ろは少しの練習ですぐに出来るようになる。後方は、個人の微妙な重心移動感覚を自分で感じないと移動が難しいので、補助ではその感覚が得られにくく、補助なしで自分で行う方が良い。

1歩目　　2歩目　　3歩目　　4歩目　　5歩目

※２７級と２５級は距離のみ違う為、まとめて説明する。

２８級　後方片手持ち５歩

　竹馬をどちらか片手で持ち、後ろに５歩進む動きの技である。
　２７級を片手で行う動きの技である。両手でも片手で行ってもそれ程難易度に差はないので、抵抗なく出来るようになる。左右どちらの手でも出来るようにしておくと良い。

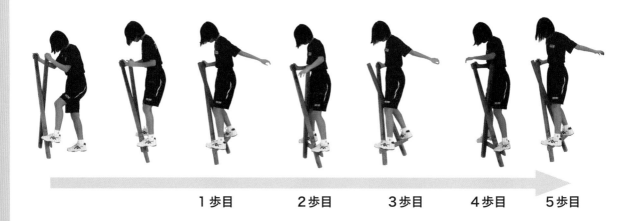

１歩目　　　２歩目　　　３歩目　　　４歩目　　　５歩目

２７級　後方両手持ち５ｍ

　竹馬を両手で持ち、５ｍ後ろに進む動きの技である。
　５歩から５ｍ乗れるまでの道のりは長いのではないかと思いがちだが、この頃には、前方での進み方のこつを掴んでいるので、後方での抵抗感は少なく、少しの練習ですぐに出来るようになる。
　おそらく乗って後方に進んでいる様子は、バランスを崩しそうになりながらも途中で止まったり、小刻みに足踏みを入れたりしながら５ｍ進むような動きが見られるだろう。

２５級　後方両手持ち１０ｍ

　竹馬を両手で持ち、１０ｍ後ろに進む動きの技である。
　２７級の５ｍを、更に距離を１０ｍに延ばして乗るが、ほとんど抵抗なく出来るようになるだろう。

※２６級と２４級は距離のみ違う為、まとめて説明する。

２６級　後方片手持ち５ｍ

竹馬をどちらか片手で持ち、５ｍ後ろに進む動きの技である。
どちらの手でも出来るようにしておくと良い。
両手でも片手で持っても、難易度にほとんど差はないので少し練習すれば出来るようになる。

２４級　後方片手持ち１０ｍ

竹馬をどちらか片手で持ち、１０ｍ後ろに進む動きの技である。
後方は、５ｍ過ぎた辺りから次第にバランスを崩し易いので、途中で倒れないように手でバランスを取ったり、その場で小刻み歩き等を入れて細かく微調整したりして、我慢強く１０ｍに向かうようにすると良い。
竹馬を持つ手は、どちらの手でも出来るようにしておくと良い。
この技の発展２３級は手を途中で替えるので、２４級でどちらの手でも乗れるようにしておけば、２３級はスムーズに出来るだろう。

２３級　後方片手持ち５ｍ持ち替え１０ｍ

竹馬をどちらか片手で持ち、５ｍ後進した所で反対の手に持ち替えて更に５ｍ後進し、合計１０ｍ進む動きの技である。
どちらの手から始めても良い。持ち替えた後の１．２歩でバランスを崩し易いので、その部分だけ注意すればそれ程抵抗なく出来るだろう。

22級　前方両足同時跳び乗り片手持ち 10m

　両足同時に竹馬に跳び乗り、前に１０m進む動きの技である。
　通常は片足ずつ乗って始めるが、乗る準備をして両足同時に跳び乗るというところがこれまでの始め方との違いである。
　手は、最初両手で持って跳び乗っても、左片手と右片手でも乗る事が出来る。竹馬をやや前に倒して跳び乗れば、まず後ろに倒れる事はない。踏み外さなければ安全な技である。
　乗り損なわないように、乗る瞬間だけ集中すれば特に難しい動きの技ではない。

21級　その場小刻み前方一回転・左右連続

　竹馬に乗せたどちらか片足を軸にして、もう一方の反対足を小刻みに動かしてゆっくりと左右一回転を連続して乗る、という動きの技である。
　左右どちらの回転から始めても良い。
　途中で焦ったり、少し大きめに動こうとしたりするとバランスを崩すので、その場でアイドリングの微調整を入れ少し止めるようにしながら続けて回っても良い。
　回りたい方の片足を軸にやや重心を掛けて連続して回転する動きをする。手は、両手でもどちらか片手で持って行っても良い。
　また、回る方向によって竹馬の持つ手を替えて行っても、両方向の回転を同じ手で行っても良い。この級は、発展として１０級の１８０度半回転に繋がる動きの技である。
　左右の回転は、後ろに左回りと右回りもする事が出来、後ろに回る場合も両手でも片手でも出来る。写真は、前からの右一回転を右片手持ちで行った例である。

20級　　前方背面乗り 10m

　竹馬を背面に構えて片手または両手で持ち、片足から前に立ち上がるように両足を乗せて、
10m前進する動きの技である。
　竹馬に乗る場合は、竹馬の後ろから片足を乗せておいて始めるのが良い。
　手は、左手でも右手でも、両手で持っても良い。
　見た目は背面乗りは難しく見えるが、実は行ってみると意外に簡単で、前に歩くのに邪魔な
物がない為に、重心を軽く左右に動かすだけで楽な感じで動ける。
　実は、背面乗りに慣れてくると手放しで行う背面手放し乗り前進等が出来るが、その場合は
竹馬がやや小さい方が出来易い。大きさにも関わるので、手放しは全ての人が出来なくても良
いだろう。

19級　　後方背面乗り 10m

　竹馬を背面に構えて両手またはどちらか片手で持ち、片足から立ち上がるように両足を乗せ
て10m後進する動きの技である。
　後方に進む場合は、竹馬の前から片足を乗せておいても良いが、慣れていないと最初に乗っ
た時に斜め後ろに先に重心が行ってしまい足が追いつかないで落ちてしまう事もある。
　そこで、前からでも後ろからでも乗れるように練習するか、下の写真例のように後ろから一
度前に乗って立ち上がり、バランスを取ってから後ろに進む方法が良い。
　竹馬を持つ手は、左手でも右手でも両手で持ってもやり易い方法の手で良い。

18級　背面乗りその場小刻み前方一回転・左右連続

　竹馬を背面に構えて乗り、片足を軸にもう一方の軸でない反対足を少しずつ前に移動させながら左右それぞれに一回転する動きの技である。左右どちらから始めても良い。

　また、手は左右どちらで持っても両手で持っても良い。回転も前からと後ろからの回転が出来る。写真は、右片手持ちで前から右への一回転例である。

17級　背面乗りその場前方１８０度半回転２回連続

　１８級を一挙に１８０度半回転し、それを２回連続させて３６０度一回転する動きの技である。左右どちらから始めても良い。

　手は、左右どちらで持っても両手で持っても良い。回転も前からも後ろからも出来る。

　写真は、右手持ちで前から右へ１８０度半回転した例である。

　竹馬の片方の持つ手をクロス（交差）して反対の部分を持ち、前に１０ｍ進む動きの技である。クロスするとやや体の前が拘束されたようになり、持ち手が不自然であるが、慣れるとそれ程抵抗なく出来る。

　写真では、乗ってから右手を左取っ手に持ち替えて歩いているが、乗る前にクロスに持ち替えておいて乗る方法もある。乗ってからでも乗る前にクロスしてもどちらでも良い。

　また、手は右手クロス持ち替えと左手クロス持ち替えのどちらでも出来る。

「竹馬に乗る少年」
ノーマンロックウェル　陶器製

15級　後方片手クロス持ち10m

　16級を後方で行う級である。竹馬の片方の手をクロスして反対の持ち手部分を持ち、そのまま後ろに10m進む動きの技である。
　手は、乗ってから持ち替えても、乗る前にクロス（交差）して始めても良い。
　14級と13級は交互に持ち替える動きとなるので、どちらの手でも出来るようにしておくと良い。それ程時間が掛からず出来るようになる動きの技である。

（2）上級コースの技や乗り方

　ここからは、進級カード内の上級の動きや技を紹介する。

14級　前方片手クロス持ち5m持ち替え10m

　始めに片方の手をクロス（交差）して持ち、5m進んだところで反対の手に持ち替え、更に5m歩いて、合計10m前に進む動きの技である。それ程時間が掛からず出来る技である。
　持ち替えの時ほんのわずかだけ両手で持ち、すぐに反対の手を放す時にバランスを崩し易いので注意したい。手は、どちらの手からクロスして始めても良く、乗ってからクロスしても乗る前にクロスして乗り始めても良い。写真は右手クロスから左手クロスに持ち替えた例である。

後方片手クロス５ｍ持ち５ｍ持ち替え１０ｍ

　１４級を後方で行う級である。始めに片手をクロス（交差）するように持ち手を持ち、５ｍ後ろに歩いたところで反対側の手をクロスして持ち替え、そのまま残り５ｍを後ろに歩く。合計１０ｍクロスする手を替えながら後ろに進む動きの技である。

　手を交換する時は、一度両手で握ってすぐ反対側の手を放すという動作で行っても、片手から片手へすぐに持ち替えても良いが、持ち替え時一瞬止まりながら手を交換してから歩き出す際にバランスを崩し易いので注意したい。写真は右手クロスから左手クロスに替えて行った例である。

12級 **前方両手クロス持ち１０ｍ**

　１３級はどちらか片手クロスしながら進むが、１２級は始めに両手をクロスさせて乗り、前に１０ｍ進む動きの技である。

　この技の始め方には二種類あり、一つ目は乗ってから両手をクロスして始める方法と、二つ目は乗る前に両手をクロスして乗るという二つの方法がある。どちらの方法で乗り始めても良い。

　この技は、体の前でやや拘束された状態で竹馬の持ち手をそれぞれ反対に持つので、最初窮屈に感じるが、この辺りではすでに相当バランスが取れるようになっており、自分自身で諦めずに挑戦して行けばそれ程難しくなく出来るようになる。

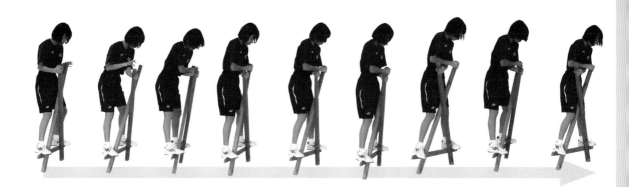

後方両手クロス持ち10m

　12級を後方で行う級である。竹馬の持つ手を両手クロスさせて乗り、後ろに10m進む動きの技である。後ろも、特に抵抗なく少し練習すれば出来るようになる。

10級 **前方180度半回転（ハーフターン）2回連続**

　竹馬を両手またはどちらか片手で持ち、前から180度半回転・ハーフターンを2回連続すると左回りの一回転となり、180度半回転・ハーフターンを右回りを2回連続すると右回りの一回転となる。これを左右どちらも一回転して連続する動きの技である。
　この技は、まず半回転する前と半回転した後にアイドリングや小刻み足踏みを入れてバランスを取りながら回転の準備をしたり、落ちないように調整したりして行うと良い。
　片手でも両手でも、回転方向によって手を替えても良いが、両手で持って行った方が安定するようである。この技の発展として、後ろに180度半回転する事も出来る。
　更に、発展として一度に前後に360度一回転する事も出来るが、足が広がっている分、回転がスムーズに出来にくく、180度を過ぎた辺りからスピードが落ちて回転途中で止まってしまうような動きになり、完全な360度一回転は非常に難しい。
　進級の場合、ターンでは360度一回転まで要求しなくても、前からの左右180度半回転・ハーフターンで十分だろう。写真は、左回り前からの180度半回転した例である。

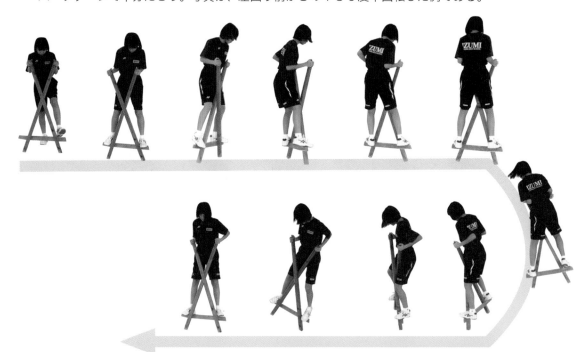

9級　　前方両手持ち両足同時ジャンプ１０m

　竹馬を両手で持ち、小刻みに同時ジャンプをしながら前に１０m進む動きの技である。

　この技は、最初は１０cm位ずつ同時にジャンプしながら前に進むと良い。練習して慣れて来ると、３０cm～４０cm位は前に跳びながら進む事が出来るようになる。

　しかし、跳んで進む幅や距離に決まりはなく、狭いジャンプでも良いので、同じリズムで同じ幅で跳ぶようにし、大きく前に跳ぶと力も要しバランスも保ちにくくなるので、無理せず、自分に合った幅のジャンプで進むようにすると良い。

　前方は、わずかに斜め前方向に跳び上がりながら進む動きで、他の種目より顔は前正面を向けるようにしないと出来ない。

　ジャンプの高さはせいぜい６.７cm程度位しか上がらないが、それで十分である。

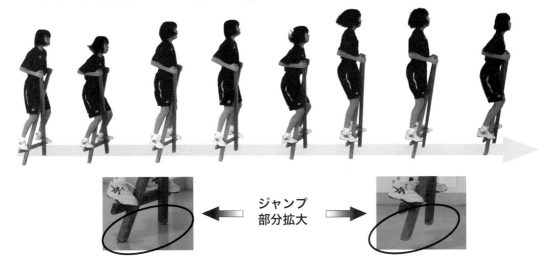

ジャンプ
部分拡大

8級　　後方両手持ち両足同時ジャンプ１０m

　９級を後方で行う級である。竹馬を両手で持ち、同時ジャンプしながら後ろに１０m進む動きの技である。

　後方は、前方よりわずかに深く膝を曲げてやや垂直気味に跳び上がるように後ろに進むようになり、余り後方に重心を掛けて移動しようとすると倒れ易い。ジャンプしての移動距離も３０cm程度とわずかである。

　後方にジャンプしながら進むのは、前方で行うよりは難しい。少し抵抗感のある、練習時間を要する動きの技であるが、諦めずに練習したい。

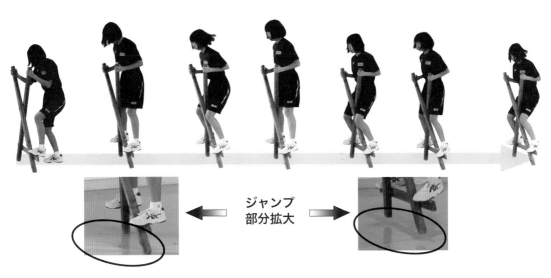

ジャンプ
部分拡大

7級　　前方両手持ち・片足中央乗り１０ｍ

　竹馬を両手で持ち、足乗せ中央にどちらか片足で乗りながら、前に１０ｍ進む動きの技である。足乗せ中央に片足で乗るという事を、初めて体験する級である。

　この技は持ち手をどちらか片手で持って動く事は難しく、両手で持つと良い。

　乗せる足は、好きな方だけでも良いが、どちらの足でも出来るようにすると左右の重心の違いを感覚的に身に付けられる。

　この技の場合、両手と乗せていない足を上手く使ってわずかにジャンプするように左右に振って移動したり、バランスを取る足を舵取り足として利用して少し蹴ったりするような動きを入れたりして乗るようになる。

　写真では竹馬の中央に右足を乗せて、左足を外してバランスを取って乗っている。右足を中央に乗せている場合は、右側から一歩目が動く事になる。左が中央の場合は左側から一歩目を動いた方が自然である。

　片足中央乗りで歩く場合は、他の種目より竹馬と体を密着して乗るようになる。その方が移動し易く、竹馬から離れるとどうしても引き摺るように動いてしまい、前に進む力がなくなり１０ｍ進むのが難しくなる。

　もし、義足者等で片足しかない場合を考えると、パラスポーツとして足の障害がある方も乗れる技でもある。

6級　　後方両手持ち・片足中央乗り１０ｍ

　７級を後方で行う級である。両手で竹馬を持ち、足乗せの中央にどちらか片足で乗り、ややジャンプをするような感じで後ろに引きながら１０ｍ進む動きの技である。左右どちらの足でも出来るようにしておくと良い。

　この技は、竹馬の中央に乗せた足は、乗せたまま左右に振るだけで、乗せていない足の膝を竹馬の外辺りに位置して、膝を少し上げたり伸ばしたりしながらバランスを保ちながら重心を移動させ、竹馬を左右に振って動くようになる。

　写真では右足中央で乗っているが、この場合乗ってから最初の一歩は、中央に乗せている足の方向から後ろに動く。乗って行うと分かるが、その方が最初の一歩として動かし易い。「左足が中央の場合は、一歩目は左となる」と覚えておくと良い。

　後方は重心移動と竹馬の左右移動との連動が難しく、前方より練習が必要である。

5級	前方手放し乗り１０m

　両足で乗り、竹馬と体を密着させてから竹馬を持っている手を放し、腹部を中心にして支え、膝で竹馬をやや挟むようにしながら、手放しで両手を上手く使ってバランスを取り、竹馬を前に１０m進ませるという動きの技である。

　この技は、例えとして自転車の手放し乗りをした時や、一輪車に乗っている時に非常に近いバランス感覚である事を感じる動きである。

　最初手放しで乗ると考えると怖い感じがするが、少しずつ放してもバランスが取れれば、一度感覚を覚えてしまえばそれ程難しくも危険でもない。

　後ろの手放し乗りも行う事が出来るが、後ろに竹馬を構えて乗る場合、腿や尻、背中を竹馬に付けたまま歩くようになり、離れると倒れてしまう。後方の場合竹馬の長さや大きさで難易度が変わり、小さい方が乗り易い。技術的には前方より後方はやや難しいが難易度にそれ程の差はなく、前方の手放し乗りだけでも十分である。

4級	前方内側外側乗り１０m

　足乗せに片方を内側中央に、もう一方を外側に乗せて前に１０m進む動きの技である。

　左足が外で右足が中央に乗る方法と、右足が外で左足が中央に乗る方法の二種類があり、どちらで行っても良い。この技は、重心が左右均等でなく、中央より重心がずれて動く事を体感し、その場合の動きを片方でも出来る事が課題なので、左右どちらも体感しておきたい。どちらか好きな片方の乗り方が出来れば合格である。

　この級は、両手で持つよりどちらか片手で持って竹馬に乗った方がやや乗り易い。
乗っている場所が半分外側にずれているので、ちぐはぐな感じて、竹馬自体を動かすと重く感じると共に、それにバランスを保持するという事からスムーズに出来にくい。
例えとして、片足を怪我していて歩くと上手く歩けないといった感じに近い。

　発展として、バランスを取る事は難しくなるが、左右の足を５m付近でずらして入れ替えて乗る事も出来るので、試してみると良い。

3級　　後方内側外側乗り１０ｍ

　４級を後方で行う級である。片方を中央に、もう一方を外側に乗って後ろに進む動きの技である。後方は、両足を外に置いて普通に乗る時より、斜め後方へやや強く引っ張るように重心を移しながら乗るような感じになる。

　４級の前方同様重心位置がずれている事により、左右の動きで力の入れ方が変わるのでバランスも取りにくくなる。

　前後共に移動が難しい技であるが、この乗り方の場合４級での前移動は片手で行った方が乗り易いが、後方の場合は両手で竹馬を持って乗った方がやや操作し易い。

写真では、右足が外で左足は内側中央の例であるが、左足が外で右足が中央に乗る事も出来る。どちらで行っても良い。

2級　　前方内側両足乗り１０ｍ

　竹馬の足乗せ部分の中央に両足を乗せ、前に１０ｍ進む動きの技である。

　重心が中央に位置している為、動くには、やや直立姿勢で竹馬と体を密着させるようにして、わずかに跳躍するように動かすと共に、左右にやや強く手と上体を傾け竹馬を左右に力を掛けて揺らして前進するような動きをする。そうしないと引き摺って進まない。

　この乗り方の場合は、両手持ちの方が乗り易い。いずれにしても、動きが制御された力と跳躍タイミングが必要な、難しく感じる技である。

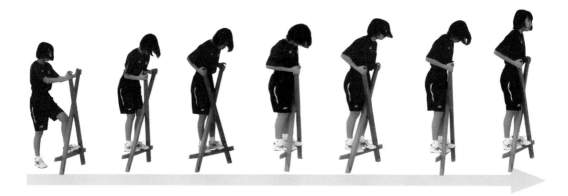

1級　　後方内側両足乗り１０ｍ

　２級を後方で行う級である。２級同様、手と体を後方に引っ張りながら左右に竹馬を揺らし、わずかにジャンプするような感じて、斜め後ろ方向に進むようになる。

　この技は、常に後ろへの一定のバランスを保てないと前に倒れてしまい、ほんのわずかでも後ろに重心を掛け過ぎると、後ろに倒れるように落ちてしまう難しさがある。

　この技の場合も、２級同様両手持ちで乗った方が良い。

　２級と１級は、やや力技的なイメージの技である。

名人　　前方乗りその場１８０度向き替え背面乗り

　始め竹馬に前向きに乗り、その場でバランスを保ちながら持ち手や足を移動させ、表乗りから１８０度半回転して、背面に向き変えて乗るという動きの技である。

　この技は、まず小刻みに動きながら次第に動きを止めて、安定させほぼ静止状態にしながら、動けると判断した「今だ」という一瞬のタイミングを感じ取り移動を開始する。

　入れ替え移動の順序は、次のようになる。

> １　竹馬の持ち手の片方の手を反対方向を持つ。
> ２　片足を外から中に足を捻って内側にしながら移動させて乗せる。
> ３　もう一方の手を放しながら背面方向に移動して持つ。
> ４　もう一方の足を背中方向に向けながら反対の外側におく。
> ５　中に置いていた足を移動して外に乗せると背面乗りになる。これで完成。

　前（正面）から背面への向き替え動作は、開始から１秒前後で途切れなく連続してスムーズに行わないと、成功する事は難しい。

　言葉では簡単だが、そう簡単に出来る動きの技ではない。かなり練習を重ね、何度も挑戦が必要であると共に、いつも出来るとは限らない非常に難しい技である。出来た時は「ヤッター！」と言うような最高の達成感になるだろう。

　この技の反対に、背面乗りから始めて体勢を入れ替えて前向き乗りにする事も出来る。

　こちらの技も難しいが、名人が出来たら試してみて欲しい。

3 高度な技を身に付ける為の練習と技の開発について

（1）高度な技を身に付ける練習方法

　難しい技は、当然多くの挑戦や失敗を通して動きの手順やバランス、重心移動、姿勢等が総合的に身に付いて成功し、次第にスムーズになる。

　しかし、バランスが非常に難しい技の場合は、一人で何も使わず行っても中々出来るようにならない事も多い。
　そこで、動きを固定して練習したり、分解して途中まで行ったり、補助の手を借りて練習したり、話し合ったりしながら行うのも技の習得には効果的である。

　次に、難しい技を成功に結び付ける為の方法を紹介するので、新技の開発等にも利用すると良いだろう。(写真下)

（2）技の開発・新技の習得

　新しい技の習得・開発には、まず頭で動きを考えたり、紙に簡単な手順や図等を書いてみたりして、その机上の理論を実際に動いて出来るかどうかのシミュレーションをして確認する必要がある。

　しかし、高度な技の動きの習得と開発は全て一人では難しく、補助者に手伝って貰い、話し合いながら、竹馬を立てた状態で動きを具体的シミュレーションを繰り返し、確認する方法が最も大切である。

　新技の開発の場合、安全を第一優先に無理に行う必要のある技かどうかよく考えると共に、実態に応じた動きかどうか、行う場合の配慮点等、総合的に考えて判断し、何人かと相談しながら進めると良いだろう。

　新技等の開発時は、補助を始め身近で安全な場所や道具等を利用して行うと良い。それらを利用して行う事により、ゆっくりと動きを何度も確認して練習出来る。
　また、動きの手順や角度、姿勢等頭と体で覚える事も出来る。

　天井や高い場所、上から竹馬を固定したり、吊したりして、練習する方法等も考えられるが、次の３つの練習方法で十分難しい技の習得には効果的である。

＜ 高度な技の習得や、技の開発時の練習方法例 ＞

| 1　壁を使って練習する | 2　高い台を使って練習する | 3　補助者を使って練習する |

4 三角竹馬のその他の動きや技について

ここからは進級カードの級以外の動きや技を紹介する。

（1）ミニ三角竹馬乗り

通常の三角竹馬をミニサイズにした物に乗る。普通サイズの三角竹馬に乗れていればすぐに乗れるようになる。初級から中級程度の力で乗れる動きである。

姿勢が窮屈になる為、あまり複雑な動きには向かないが、幼児や小学校低学年であれば多くの動きや技が出来るようになる。写真は、高さ６５cmの三角竹馬である。

この反対に、背の高いジャンボ三角竹馬（のっぽ三角竹馬）を作って乗るという事も考えられるが、通常の竹馬のような乗った時の快感が得られないと共に、落下の危険性が高まる。高くて大きい三角竹馬は、無理に作って乗らなくても良いだろう。

（2）背面手放し乗り前進

通常三角竹馬は、ほとんどの動きや技は体の前（正面）に位置して乗るが、反対に竹馬を背面に構えて持って乗り、バランスが整ったところで両手を放して前方に進む、という動きの技である。進級カード５級の前方（正面）での手放し乗りより、背面の手放し乗りでは三角竹馬が離れて落下し易く、練習が必要な上級者向きの動きである。

乗り始めは、前に位置して後ろに乗る乗り始め方より、写真例のように後ろから前に立ち上がるように乗り始めた方が良い。後方は更に竹馬が離れて中々進まない。手は万歳のように分かり易く上げているが、上げなくても乗れる。乗り方の注意点は、足の間の三角部分を意識して膝や足を内側に締めて歩くのが特徴で、他の乗り方とはちょっと違う。

随分前だが、この背面手放し乗り前進を４，５歳の女の子が乗っているのを見た事がある。話はしなかったが、幼児でも出来る技である事が分かり感動したのを覚えている。

（3）しゃがみ立ち乗り

　三角竹馬に乗りながら、深く膝を曲げてしゃがんで立ち上がる動きの技である。
　この技は、片手持ちで行うより両手持ちの方が安定しすぐに出来る。持つ位置は一番上を持った方がやり易い。
また、リズミカルにやや弾みながらしゃがむ動作を途切れなく行うと、バランスを崩す事なくすぐに出来る。
　難易度としては、中級から上級の間程度の力があれば、特に危険の無い技である。

（4）しゃがみ歩き

　しゃがみ立ちが出来るようになると、しゃがんだまま歩く事も出来る。技としては上級者向きの動きである。
　しかし、完全に深く膝を曲げてしゃがんでしまうとほとんど引き摺るような動きになり、連続して動く事は出来ないので、膝が９０度前後になるいわゆる中腰姿勢で、軽く上下運動を加えながら歩いたりする動きになる。
　また、上体はしゃがみ立ちよりわずかに前に被せるようにしながらの動きになる。後方へ歩く場合は、上体を立て腕を後ろに引きながら爪先を前に押し出すように動くようになるが、前方歩きより難しくなり後ろに倒れたりもする。
　しゃがみ歩きは、こういう動きも出来るという事で、その前の（３）のしゃがんだり、立ったりという姿勢を変化させるという動きでも十分である。

（5）足内外移動連続乗り

　この動きは、その場で乗せている足を外から中、中から外へとバランスを保ちながら左右に移動させる動きである。移動させる足の順番を変える方法や、中に乗ってスタートする方法、中と外からスタートする等、幾つもの方法でも出来る。

　手は、両手持ちでも片手で手を持ち替えながらでも出来る。

　中級以上の技能があればそれ程難しくなく出来る動きの技である。

　またその発展として、どちらかの外に両足を移動したらどちらかの足を外に外したり、中に足をクロスするようにしてみたりと、乗り方の工夫も出来る。

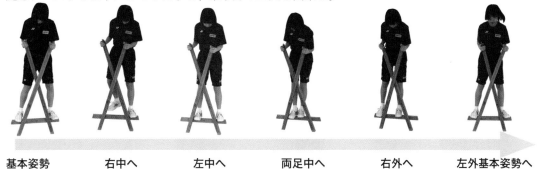

基本姿勢　　　　右中へ　　　　左中へ　　　　両足中へ　　　　右外へ　　　左外基本姿勢へ

（6）持ち手交換連続乗り

　この動きは、足は普通に両外側に位置して乗り、手を両手と片手とクロス等全て使ってバランスを取りながら乗るという動きの技である。

　手の持ち方には次の6種類があり、持つ順番を自由に変える事も出来る。

　持つという仲間に入れるかどうか迷うところではあるが、この6種類の後に7番目として「手放しをして乗る」を入れると、手の持つ動作と手放しの乗り方7種類全てを体験する事が出来る。（次頁 写真）

　写真例（次頁）は正面で持つ方法であるが、難しくなるが背面（背中側）でも同様に出来るので、前方（正面）で出来た人は安全に注意しながら、背面でも試して見ると良い。

＜ 三角竹馬の持ち方の種類 ＞

```
① 両 手　 ② 左片手　 ③ 右片手　 ④ 左片手クロス
⑤ 右片手クロス　　 ⑥ 両手クロス　 ※⑦ 手放し
```

　これに、（1）の足の動作と（2）の手の動作を、一つ動かす毎に手も足も変化連動させる事で**竹馬・持ち手交換・足移動連動連続変化乗り**となる。

　中級以上の力があれば、練習次第で身に付ける事が出来る。

　但し、頭が混乱しないように手と足をどの順番でどう組み合せるか、多くの種類や順番で行う事が出来るので、手順等を良く考えてから試すと良い。

< 放し方、持ち方7種類の乗り方 >

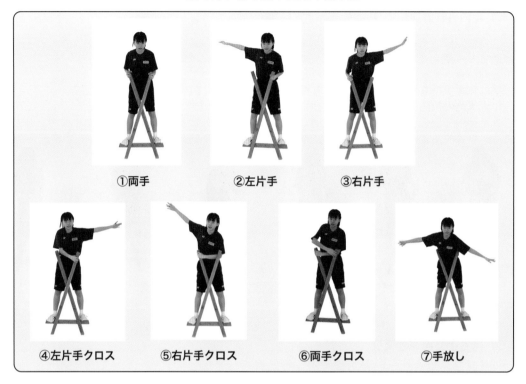

①両手　②左片手　③右片手

④左片手クロス　⑤右片手クロス　⑥両手クロス　⑦手放し

（7）中央跨ぎ縦向き乗り

　始めに竹馬を跨いでおき、横から立ててそのまま縦向きの姿勢で乗って歩くという動きの技である。

　製作した三角竹馬の交差部が高くて角度が狭く跨げない場合や、交差部分が狭くて跨げない等、構造上出来ない場合もある。

　跨ぎ乗りの終わりは、横に倒して降りる方法と、跨いだ足を上から元に戻して降りる方法がある。乗ると分かるが、一輪車のホッピング動作での重心位置がよく似ている。

＜横から見た中央跨ぎ縦向き乗り ＞

＜正面から見た中央跨ぎ縦向き乗り＞

（8）中央跨ぎ前後移動乗り

　交差した部分を低く改良した竹馬の中央から、跨いで前後移動乗りをする動きの技である。竹馬を跨ぐ際に片足を上げた時、跨いでいる途中、後側に移動途中、移動が終わる時等、全ての動作の途中で倒れてしまう非常にバランス保持が困難な技である。移動から終わりまで、竹馬の倒し幅が１５cm前後以内でないとまず成功しないと思って良い。非常に難しい技である。

（9）足乗せ端・縦乗り（両足・両足前後ずらし・片足）

　三角竹馬の端に両足や片足を乗せて縦向きに乗って歩く動きの技である。

　この技からの乗り方は、足乗せを長くして、表裏に足乗せを付けた改良した型の三角竹馬でないと乗る事は難しい。

　この技を両足を乗せて行う場合は、三角竹馬の足乗せ横棒が両足分乗せる幅や長さがないと出来ない。短い場合は一方の足はバランスを取るように外して乗る片足乗せ縦乗りとなる。

　持ち手は両方の持ち手でしか出来ない。片手で持つと大変重くバランスが取れずほとんど動く事が出来ない。そこで両手で持ち上体を被せるように乗るが、それでも重心が中央から後ろにある為前方には進めず、真横への移動や後ろに小刻みに回る動きしか出来ない。

＜両足を前後にずらして乗せる場合の縦乗り（持ち手は両手持ち）＞

＜両足を端に乗せる場合の縦乗り（持ち手は両手持ち）＞

＜ 片足を乗せる場合の縦乗り（持ち手は両手持ち）＞

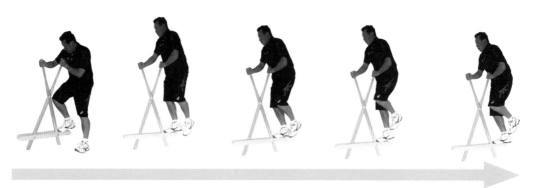

(10) 足乗せ横移動・表裏１８０度移動乗り

　前（正面）表側から竹馬に乗り、横に移動してから裏側に移動するという一連の動きをする技である。（9）同様、改良した三角竹馬でないと難しい技である。
更に移動すれば一回りする事も出来るが、これを成功させるのは更に難しい。
　この技は、乗ってから横移動、後ろへの移動時全てに竹馬の持ち手の上に覆い被さるような姿勢で、重心を外に逃がさないで移動させる事がポイントになる。少しでも重心が竹馬の持ち手から離れ過ぎると即座に落ちてしまう。
　特に難しい部分は横移動から一度端に両足を乗せるが、そこで内側の足（写真では右足）を軸に１８０度半回転させる所で、それが出来るとほぼ後ろに乗る事が出来る。
　この技は練習に根気強く取り組み、困難克服や工夫等が必要である。
究極のバランス感覚を持ち、移動をスムーズに行う事が出来ないとそう簡単に出来る技ではない。
　バランスを保ちながら、体の向きを変えたり足や体をどのような手順・順番に手を持ち替えたり、足を入れ替えたり、移動させたりするか等を自分に合った方法を考えながら乗る事になり、全ての人が足を写真例のように同じ動きになるとは限らない。

（11）足乗せ二段上下移動乗り

　通常の三角竹馬の足乗せ部分を改良工夫して二段にする事で可能になった、上下の段に上がったり下りたりする動きの技である。見た目は簡単そうだが、上り下りは上りがやや易しく下りる時の方がやや難しい。一瞬バランスを崩すとまず復元して立て直しが難しい重心移動をするので、常に怪我と隣り合わせの、上級者向きの技である。

　乗り方としては、足乗せの上下の段に片足ずつ乗せて上がったり下りたりする乗り方と、両足同時に跳び上がったり、跳び下りたりして乗る乗り方、移動や回転しての動き、この段差を利用して片足ずつ足を上下の段に乗せたまま歩く事も出来るが、これは非常に乗りにくくなり、難しく更に危険な動きとなる。
その場で小刻みに動きながら上がったり下がったりする動きをした方が楽しい。

　片足ずつの上り下りの難易度は上がる方が易しく、両足の跳び下り跳び上りは跳び上がりの方が非常に難しく危険である。二段での前への落下は危険性は少ないが、後方への落下の場合、重心が高く後ろに突然投げ出され踵方向から落下する為、足裏全体が着地出来ず立つ事が難しい体勢になり、三角竹馬の技で一番危険な落下をする。

　二段製作時の注意点として、段間を狭くして製作するとバランスを崩して倒れる際に、段間に足が入ったまま落下すると足首を捻ったり、すね等を強打したり、場合によっては竹馬が体から離れず、倒れて落下時に立てず後ろに倒れると手首を骨折したり、頭を打ったりする事もあるので、段間は最低でも２０㎝から２５㎝位の余裕は必要である。

　また、足乗せの上下の角をやすり等でわずかに落とす事で、引っ掛かる事なくするっと抜け、ぶつけても痛みも緩和させる事が出来る。

　三段以上にも製作し乗る事も出来なくはないが、もし三段にして乗ったとすると、後方に落下した場合、衝撃が強く身体を保護するような落下がしにくく、ほぼ同時に頭等も打つ。二段より更に危険性が高まる為、三段以上にするのはやめた方が良い。

＜　前方から見た二段三角竹馬の、片足ずつの上がり下り　＞

＜　後方から見た二段三角竹馬の、片足ずつの上がり下り　＞

5　三角竹馬の改良と工夫

　三角竹馬は、通常の組み方で製作すると左右のどちらかの棒や木材が上になり、技によっては棒の上側部分が膝等に当たり、乗りにくくなる事がある。
　また、製作したそのほとんどが一般的に足乗せの幅が狭かったり、一方（手前）だけに付けられたりしている。それにより足裏が痛くなったり、ジャンプする技では木ネジだけだったりすると徐々にぐらつくようになり、足乗せが外れたりする事がある。これらの問題点や課題を改善するため、次により三角竹馬を改良した。（次頁表参照）

　その他、三角竹馬の改良により開発した技は、この項の（7）～（11）である。
　（7）（8）は、三角竹馬の持ち手部分の開きを広くし跨ぎ系が出来るようにした。
　（9）（10）は、新作した三角竹馬による横乗り系や、前後表裏移動系が出来るようにした。
　（11）は、足乗せを二段にして高さを変えながら乗れるようにした三角竹馬である。

角度を広くした三角竹馬　　　　　**二段にした三角竹馬**

　この中で、特に新作として改良製作に工夫した点は次のようである。

＜ 三角竹馬の改良点 ＞

1　表裏乗り、横乗り、二人乗りを想定し、足乗せの横棒を表裏二重にした。
2　どちらか外側に両足で乗ったり、二人組を想定し、横棒を長くした。
3　足乗せ部分が跳躍や体重の重い人の利用により外れたりするので、足乗せに接する部分に切り込みを入れ、少し内側に入れて取り付けた。
4　組み合せる部分は、木ネジは外れる為ボルトに変更し、太く丈夫にした。
5　組み合せる部分に半分に切り込みを入れて組み合せ、中央部の凹凸をなくした。
6　三角竹馬の前後左右のバランスを考慮し、持たなくても自立するように製作した。
　また、接地面全面がつくよう斜めにカットした。

改良前の三角竹馬　と　改良後の三角竹馬

　三角竹馬の乗り方は、現時点ではまだまだ未開発の動きや技が考えられ、三角竹馬の改良等が進み、更に創意工夫と熟練を重ねる事により、面白い動きや技が出来るようになると考えられる。
　是非、これまでの動きや技を参考に自分だけのオリジナル新技や出来た技に、楽しいネーミングを付けて練習したり、遊んだりして欲しい。

＜ 三角竹馬の改良比較 ＞

改　良　前	改　良　後
一般的な三角竹馬 足乗せが一本、木ネジ止め 重ねると左上や右上になる	バランスを計算し自立するよう改良 持ち手部分を丸く持ち易く改良
横・前後に幅がある 足乗せが片方のみ 端が片足分と狭い	横・フラットな構造 足乗せを前後に取り付け安定性と強度が向上 足乗せと接する部分に少し内側に切り込みを入れ強度が向上、地面や床の接地面は斜めにして接地面が安定、自立出来る 端は両足を乗せられる幅がある
重なり部分が前後二段になる	重なり部分を半分切り込み、ボルトで固定

　バランストレーニングや体幹トレーニングに利用するバランスボードは各種あるが、その中から、練習用にもなる三角竹馬の動きに近いバランスボードを紹介する。

（1）木製バランスボード

　このバランスボードは知育玩具の一種で、幼稚園やこども園、保育園等の子どもから成人体重150kg位まで乗れる、やや安定度の高いバランスボードである。
　横で左右に揺らしたり、縦に乗って前後に揺らしたり、写真例のように体を捻って前進や後進、回転等の動きが出来る。この道具で三角竹馬に近い足の運びや練習が出来る。発展として、このボードに二人同時に前後にも横にも乗る事等も出来る。

横に乗って、左右に体を捻りながら前進

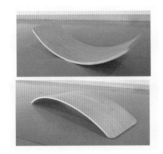

縦に乗って、左右に捻りながら前進

（2）プラスチック製バランスボード

　プラスチック製ボードは木製ボードより細く、両足を乗せる部分だけが平らになっているので、木製ボードと移動やバランスの理屈は同様だが、こちらの方がより不安定である。中央でバランスを取ってスピンしたりも出来、竹馬だけでなく様々なスポーツトレーニングやバランス体幹トレーニングにもなるバランスボードである。

バランスボードで、中央バランスから体を左右に捻って進む

（3）クラシックバレー用ピルエット（スピン）練習ボード

　クラシックバレーで、ピルエット（スピン）を安定して回る為の練習用ミニバランススピンボードで、片足用長さ２５㎝位で幅が１０㎝ほどのカーブした非常に軽く動くボードである。バレリーナは、これを使って片足爪先立ちで数回転行うのだから素晴らしく安定したバランス能力がある事が分かる。

　通常は一枚で捻りや回転を行うが、二枚使うとその場で足裏全体で左右捻りや横滑り等も出来、工夫次第では様々な動作のトレーニングにも役立つ道具である。

（4）自作の木製バランスボード

　三角竹馬の左右の動きに似た、自作の木製のバランス道具がある。（写真下）

　この道具は、落下や転落の危険性はほとんどなく幼児でも楽しめる。

　一見すると、雪国で使用する木製そりの足部分や小舟の骨組みのような形をした道具で、ややカーブした半円や三日月形をしており、重心が移動した方向で前後左右に動く事が出来る。三角竹馬の左右の重心移動によく似ており、練習用具にも良い。

　揺らしての重心移動に慣れると、大きく重心を動かしながら左右どちらかに強く傾けると、１８０度半回転や、３６０度一回転に近い動きも出来る、

　実はこの道具には正式な名称がなく、仮称「ゆらりっこ」「ドンブラコ」等の愉快な名称もいい。皆さんも安全で楽しいバランス道具を自作してみてはいかがだろう。

＜手作り・木製そり型バランスボード 仮称「ゆらりっこ」＞

縦乗りをする　　　　　　　　　　　　　　横乗りをする

　こうしてみると、三角竹馬とその関連道具類はただの遊びにとどまらず、スポーツ道具と言っても過言ではない。我が国日本発祥の三角竹馬（やっとこ）や、関連道具が更に普及進化を遂げ、日本はもとより世界に広がったら楽しいだろう。

第8章 竹馬の技と乗り方

1 進級カード利用の仕方と実施上の注意点について

(1) 練習と確認

　進級カード順に挑戦するが、個人毎に得意不得意もあり当然ながら必ずしも全員が同じ進級状態にならない。もし先に挑戦して出来る技がある場合はそこに印を付け、後から必ず出来なかった級の技に挑戦し、全ての級を繋いで合格するようにしたい。

　小学校の学習指導要領と照らし合わせ、1～4年生の体育の時間を中心に利用するものとするが、体育の時間では多くの時間を竹馬の学習に当てる事が出来ない為、朝の時間や大休憩、昼休み、放課後、クラブ活動の時間や学校全体での取り組み方法も考えられる。
　更に、家庭での協力を得て練習する事も加味して取り組む方法も考えられる。

(2) 取り組み終了後の賞賛等

　認定証等を与える等定期的な賞賛の場を通して、自信や励みを持たせる。
　認定証を授与する場合は、抜けた級がなく、繋がった合格の最後の級を認定する。
　学校等では、所属人員の名簿等に到達級を記入し、学級や学年、学校の統計を出し、年度毎に比較をしたり、家庭・保護者への説明責任としてお知らせしたりすると良い。

(3) 竹馬の高さの統一

　進級や検定を行う場合、竹馬の足乗せ部分の高さを統一する必要がある。
　技の中には、低い方が易しい級も逆に低いとやりにくい級もあるが、統一して実施するのが望ましい。

　自分専用のマイ竹馬がある人以外に学校等みんなで使う場合は、高さが違うと乗りにくく感じたり、合う竹馬を探しているだけで時間が掛かってしまうので、全員が同じ条件でどれを使ってもすぐみんなで取り組める、という状態にしておきたい。

　そこで、竹馬は足乗せ部分が地面や床から30cmの高さに統一して実施する。
　理由は、常に乗っていると分かるが20cm程度だと低く感じ、30cmを越すと乗っている実感として体得する事が出来る。一番スムーズに動けて、全ての技が取り組み易くなる高さ30cmが基準となるのである。
　それ以上の高さでは級の中で一部に出来ない級が出て来るので、統一の必要がある。

　たった10cmや5cmの違いでも、この基準となる30cm前後までは微妙にバランスや動きに違いが出る。地面より高くなった重心位置に慣れて安定して歩けるようになると、それ以降40cmでも1mでも乗って普通に歩く分には何ら技術やバランス的には差がなくなるのである。

(4) 竹馬の長さと安全

　一番は自作の竹馬で自分に合った長さや足乗せの高さが良いが、一般市販の金属製竹馬の場合は、ジュニア用長さ1m25cmとそれ以上成人まで乗れる一般用の1m55cm用を利用すると良い。身長175cm位からは1m85cmを利用するようになる。肩と顎近くの長さが危険である事は前述したが、適正な長さや重さ、太さ等については、第4章を参照されたい。

　自作の場合は、竹馬の上部や下部にカバー等を必ず付け、身長に合った竹馬で安全に行いたい。カバーは、上部に綿やスポンジを被せてその上に布を巻き、テープ等で止めるだけでも良い。持つ部分も、汗で滑るので、滑り止めテープ等を利用して巻くと良いだろう。

2 初心者・初級・中級の乗り方や技について

ここで紹介する級については、竹馬進級カード（別紙）を参照されたい。
これらを参考に、実態に即したより素晴らしいカードを作成して欲しい。

25級　前方両手持ち乗り越し歩き１０ｍ（竹馬一本）

　一本の竹馬を両手で握って片足を乗せて立ち上がり、竹馬の前に倒れるのに合わせて、片方は地面で歩きながら前に１０ｍ進む動きの技である。左右どちらも行う。
　この動きの注意点は、黙って行わせると、最初は怖がって不自然な腰が引けたように低い乗り越し歩きとなり、竹馬に乗った時間が短くなると同時に移動距離も５０㎝位と短くなり、竹馬に乗せていない側に体が逃げるように傾いてしまう。
　歩いて進む時に片方の竹馬に立ち上がってから乗り越すように、竹馬に乗せた方の足に体重や重心を預けるようにすると、一回の移動距離も１ｍ５０㎝位進むようになる。そうなればしめたものである。

24級　前方片手持ち乗り越し歩き１０ｍ（竹馬一本）

　２５級の両手持ちを、実際に竹馬に乗る時に近い片手持ちにしながら行う動きの技である。片方の竹馬を持っている手と同じ足を乗せ、片方は地面で歩き、片方は竹馬に乗りながら歩いて１０ｍ前に進む。これも２５級同様、片方の竹馬に乗ってきちんと立ち上がってから前に越すように行う。左右どちらも行う。
　この動きで最初見られる動きは、竹馬を持って乗る足と反対足の地面にある足それぞれが横に開いてしまい、そのまま前に動くと左右に横振れしたような不自然な動きとなる。両手持ちの時同様まっすぐに竹馬を立てて、立ち上がってから前方やや遠くに自然に越して行けるようにしたい。

　　前方補助足付け乗り１０ｍ

　竹馬の足乗せ部分の裏に補助足（具）を付け、前に１０ｍ進むという動きの技である。

　竹製の竹馬でも同様に取り付けても出来ない事はないが、高さが固定されている竹馬では補助足も高く作らなければならず、手間が掛かる。スチール製品には付属品として付いているので、それを考慮し一人で練習する場合を想定して入れた級である。

　この補助足乗りは、竹馬に乗る前の遊び道具の缶ぽっくりやポカポカ等の動きと同様で、この時点ではまだ体重が前に掛けられなくて、ほぼ垂直に立って歩く動きとなる。

　補助足を付けて乗ると足の裏全体重心感覚に近くなるが、爪先に体重を掛けたり、竹馬本来の前傾姿勢がまだ出来ない場合、まず竹馬を握って前に移動するという全体の動きを理解し、身に付けるには良い。

　しかし、このままではまだ正確にはもちろん乗れない。しばらく補助足を付けたまま練習していると、少しずつ重心が前になり前傾して前に進めるようになると同時に補助足も地面や床に付かなくなる。完全に乗れるようになったら補助足を外すと良い。

　補助足は、初心者から初級に移るほんのわずかな一時期のみの使用になる。

　この補助足の引用例として、自転車の補助輪を付けて最初練習するが、ある程度乗れるようになると、補助輪はカーブする時等に邪魔になるので徐々に外すのと同様である。

　竹製しかなく補助足が付けられない場合は、この級を省いても良いだろう。

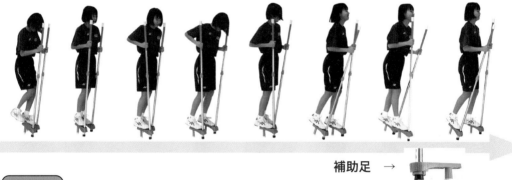

補助足　→

　　前方両手補助者付け乗り１０ｍ

　誰か他の人に両手で竹馬を補助して貰いながら、前に１０ｍ進む動きの技である。

　この段階で初めて、竹馬に乗ってわずかに前傾しながら進むのだという経験をする。

　この時補助者は、実施者が竹馬を持っている握りから一拳分下を持って補助する。この段階辺りで補助をすると、実施者は腰が引けて竹馬の一歩一歩がゆっくりで、足を引き摺ったようになり、補助者がとても大きな力を必要とし重く感じる。

　原因は、実施者は前傾を怖がると共に手も足も強ばり、更に腰が引けて前に進むからである。

　竹馬歩きとしてみてもかなり未熟である為、大きな補助の力を要するのである。補助をしながらの声掛けを通して頭と体で竹馬の動きを理解するようになる。

　練習を繰り返すうちに恐怖心もなくなり体重移動に慣れると、ほんのわずかな補助の力で歩けるようになる。次第に補助の力が軽くなったら、いよいよ一人で歩ける力が付いて来たと考えて良い。

前方片手交換補助者付け乗り１０m

　片手５mずつ交換して補助して貰いながら、前に１０m進む動きの技である。

　２２級に合格後少しずつ怖さも減り、声を掛けながら姿勢や重心移動を意識させていく事により、片手ずつ交換で補助してもすぐに前に進む事が出来るようになる。

　手の交換時は、５m進んだところで止まり、一度両手で持ってから反対の手を持ち替える方法と、歩きながら１、２歩両手で持って自然に片手に持ち替えて後半の５mを補助するという方法の２種類が出来る。動きや交換時のタイミング等に慣れるにつれて自然に交換が出来るような方法にすると良い。

　歩く前に「右からね」等最初の足の方向を声掛けしたり、「ここで片方放すよ」、「反対側に交換して放すよ」等の声掛けをしながら行うと安心感からスムーズな動きとなる。

　しかし、この時点では補助している方の手が重要で、まだ補助する力がかなり必要である。補助の力を緩めると、竹馬からすぐ落ちる。意地悪そうだが、時々補助の力をわざと緩めて行うのも、自分の力で乗る為の良い練習となる。

　理由は、この段階ではまだ補助者の力に頼った体も強ばった状態で竹馬に乗っており、手がぎっちり竹馬を握りきれていない事や、竹馬がくるんと回ってしまったり、足乗せに乗っている足もずれ落ちてしまったりする状態が多いからである。正しい乗り方をこの時点で意識させるのである。

　そこで、自分の力でしっかり握るような声掛けが必要となる。

　もう一つは、足乗せに足を乗せると、爪先が竹馬と向き合わず、内股気味になったり、外向きになったりしてまっすぐに乗っていない事も多いので、乗せた足の状態も観察しながら助言や声掛けが必要になる。

　竹馬はバランスはもちろん、常にしっかりと竹馬を握っている握力や手と足の連動が必要な運動種目である。

右手から左手へ補助の手を交換

20級　前方乗り5歩

　自分で竹馬に乗って、何とか前に5歩進む動きの技である。

　いよいよここから、自分一人で竹馬に乗って歩き出す最初の級である。

　最初は、乗った途端にすぐ前に落下する、片足ずつ竹馬に乗ったところですぐに後ろに落下する、歩いたが足が足乗せ部分からずれて落下する、歩いてみようとするが地面を削るように引っ掛かって進まず落下する等の動きになる。

　少しの練習で1～3歩位まで延びるが、4、5歩とたった5歩が最初のうち中々進まない事が多い。

　この頃の練習には、大きくは**4つの方法**がある。（第4章2の（2）参照）

　1つ目は、壁や塀等を背にして、乗ってから前に体重を掛けて歩き始める正面向きの練習や、壁に向かって竹馬を立て掛けて前傾して乗る練習をする。

　2つ目は、台から乗り始めたり、片足を竹馬に乗せもう一方を台の上で歩いたりして練習する。

　3つ目は、実施者が乗って歩き出した途中で補助している両手を離して貰い、惰性で歩けるように練習する。

　4つ目は、乗れるまでは足乗せの高さを10cm位とした低い竹馬に乗る。低いと恐怖感が減り、バランスを崩して倒れてもあまり違和感はない、安心感が得られるまでこの方法で練習する。以上4つの練習をしてみると良いだろう。

　また、歩けなくても乗ったら必ず前に落ちる・降りるような声掛けも重心を前にするという意味で大切である。

　竹馬を持って補助する場合は、22や21級の時より竹馬を持つ手の力を軽くして実施者の力で徐々に歩いている感覚を掴ませるようにすると良い。

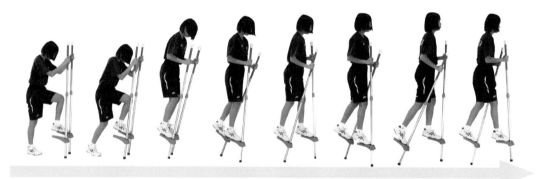

一歩目　　二歩目　　三歩目　　四歩目　　五歩目

　　※　20級、19級、18級は同種目で距離のみ違う為、説明のみとする。

19級　前方乗り5m

　自分で乗って、前に5m進む動きの技である。

　5歩歩ければ、5mまではこつこつと毎日練習する事で、それ程長時間練習しなくても一週間もあればまだ安定はしないもののほぼ乗れるようになる。

18級　前方乗り10m

　自分で乗って、前に10m進む動きの技である。

　10mという距離が乗れていればほぼ竹馬としてのバランスは安定している事から、竹馬に乗る最低限の基礎は出来たと見て良い。

　更に、20mでも50mでも距離を延ばして乗れる楽しさもあるが、校庭一周に延ばしても技術的には変わらないので、距離だけ延ばさなくても良い。

側方乗り５ｍ横移動左右１往復 計１０ｍ

　竹馬に乗り、サイドステップやカニの横歩きのように左横歩き５ｍ、右横歩き５ｍを連続して往復（折り返し）して歩く動きの技である。

　この技の動きを最初行うと、だいたいは斜め前方にずれて歩いたりする事が多い。

　往復一回は、向きを変えず左横と右横、（またはその反対）で歩く事になる。

　前に１０ｍ歩けるようになっていれば側方への横歩きは、それ程難しくなく出来るようになる。

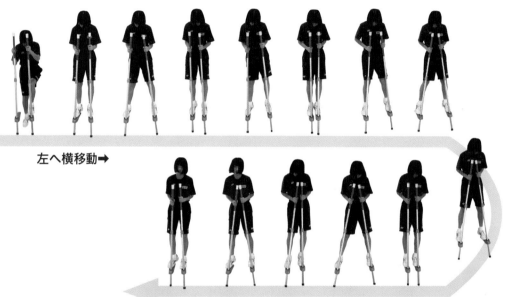

左へ横移動➡

←右へ横移動

後方乗り１０ｍ

　乗ってから、後ろ向きに１０ｍ歩く動きの技である。この級時点で後方の補助は必要ない。それは、補助では微妙な後方の重心移動を教える事が難しい事に加え、前や横に乗れていれば一人での挑戦や練習を通して、全く問題なく後方の移動角度や重心移動を体得出来るからである。

　これらの理由からも、後方の場合は５歩や５ｍの級は設定の必要がない。

　最初後ろ歩きをすると、これまで前に掛けていた重心を後ろに掛けるという重心移動の切り替えが出来ずすぐに落下してしまう事が多い。どれ位後ろに重心を移したり、掛けたりするかを練習を通して掴む事が大切である。

　技習得練習の一つとして、竹馬に乗らずに竹馬に乗っているかのように竹馬を持って後ろ歩きをしてみたり、竹馬なしで後ろに軽く走ってみたりする練習も良い。レベルを下げて缶ぽっくりやポカポカ等で後ろに歩いてみる等様々な方法を用いても良い。

　何しろ、後方は日常歩いたり走ったりする事が少ない。また見えないという点と頭や腰等をぶつけるように転んで危ないのではないかという恐怖心が芽生え、後方に重心を掛けて移動する事を躊躇させるのである。後方は重心を後ろに掛け過ぎると、すぐにパタッと足が先に落ちるので、全く怪我をする事も危険でもない動きである。

その場足踏み３６０度一回転・左右連続

　その場で小さく足踏みをしながら、右に３６０度一回転、左に３６０度一回転を、連続して回る動きの技である。

　左右どちらの方向から回っても良い。この動きは、余り抵抗なくすぐに出来るようになる。

前方内側向け乗り１０m

　竹馬の足乗せを内側に向けて乗り、前に１０m進む動きの技である。

　前や後ろに乗るよりしっかりと竹馬を握っていないと乗り続けられないが、それ程抵抗なく乗れるようになる技である。西洋の竹馬の乗り方にやや近い動きである。

　この技の特徴は、竹馬２本をやや内側に傾けて乗る事と、足乗せ部分に足裏の中央か足裏の前半分を乗せるかのどちらかで乗るという点にある。

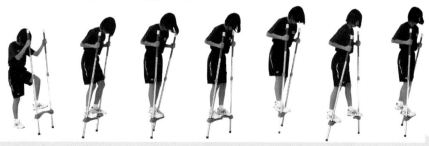

前方外側向け乗り１０ｍ

　竹馬の足乗せ部分を外側向きにして乗り、前に１０ｍ進む動きの技である。進級カード内の級では、竹馬と竹馬の間を一番近付けて乗る動きの技である。

　また、竹馬を足と脚の内側に入れたまま乗る初めての動きを体験する技でもある。

　内側向け乗りより、更に強く竹馬を握っていないと足乗せがくるんと回ったり、ずれたりして途中で落下し易い技である。

　１４級と１３級は、バランス保持能力に加え握力や筋力もやや必要な技である。

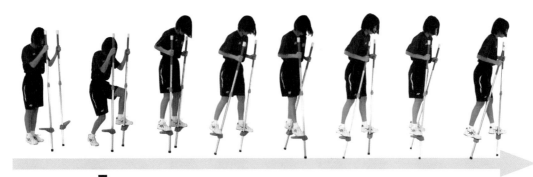

足乗せ部分を外側に向ける

12級 **前方ツーステップ乗り１０ｍ**

　継ぎ足のツーステップをしながら、前に１０ｍ進む動きの技である。

　この動きや技は、ギャロップ、ポルカステップ等に変えても良い。

　竹馬で歩くリズムを変えて出来ると、軽快で楽しい動きとなる。

　それ程難しい動きではなく、余り時間が掛からず出来る技である。

　左右どちらの足から始めても良い。

右で「タン・タ・タン」切り替えて、左で「タン・タ・タン」のリズムで

前方スキップ乗り１０ｍ

　竹馬に乗ってスキップをしながら、前に１０ｍ進む動きの技である。この技は、足のステップの中で最も難しい動きで、中々手強い技である。

　その**理由は二つ**ある。

　一つ目は、同じ足で連続して２回空中に上がり、それを一瞬下の片足で支えながら行う、という難しさがあるからである。

　二つ目は、自分の体以外の竹馬の重さや長い道具としての負荷が加わる為に、スキップの動きがしにくくなっているという点である。

　更に言えば、その状態で竹馬の細く丸い部分だけでバランスを取り続けてステップを踏む難しさが増しているからであるとも考えられる。

　近年小学生の中にも生活上や体育科、遊びの中で普段スキップが出来ない子どもがかなり見られる。その実態で竹馬でスキップを行うと考えればその難しさが分かるだろう。

　竹馬でスキップを行うと、地面や床と同様に大きく高く跳び上がらないといけないと思ってしまい、無理な動きになったり、片足ケンケンに近い動きになったりと、練習を重ねないと中々出来ない動きである。

　練習としては、竹馬に乗らずに地面や床で竹馬を持って小さなスキップをする練習を通して、竹馬の重さを感じながら小さくスキップする雰囲気を感じ取ると良い。

　竹馬の進級において、移動技では時間の掛かる大きな山となる技である。

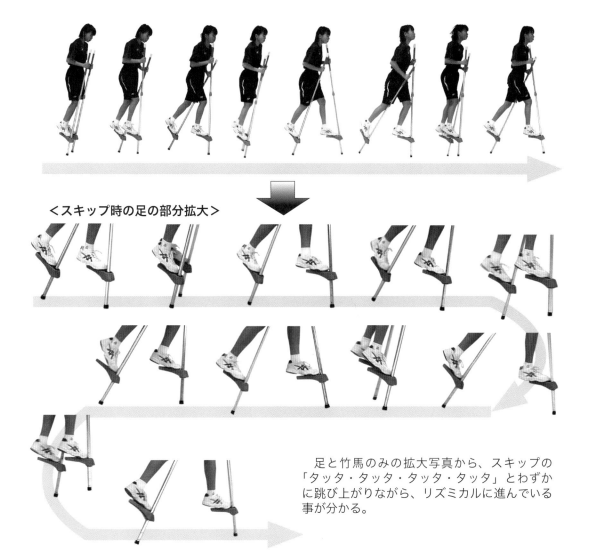

＜スキップ時の足の部分拡大＞

　足と竹馬のみの拡大写真から、スキップの「タッタ・タッタ・タッタ・タッタ」とわずかに跳び上がりながら、リズミカルに進んでいる事が分かる。

　竹馬に両足同時に跳び乗り、乗ってから腕を伸ばして前に１０ｍ進む動きの技である。

　これまでの級では、どちらか片足から竹馬に乗っていたが、初めて地面や床から両足同時に跳び上がって竹馬の足乗せに乗る技である。

　また、普通竹馬に乗ると腕は自然に肘から曲がるが、この技では、腕を完全に伸ばしたまま乗り続けて前に進む動きをする。

　しかし、１１級のスキップ乗りよりは時間が掛からず、すぐに乗れるようになるだろう。

　初級程度ではまず両足で跳び乗る事は出来ない。更に腕を伸ばすと歩けなくて落下してしまうので、この技は中級以上の技であると言えるだろう。

　この腕を伸ばす動きは、発展として名人での片方の竹馬を倒す動きにも繋がっている級でもある。

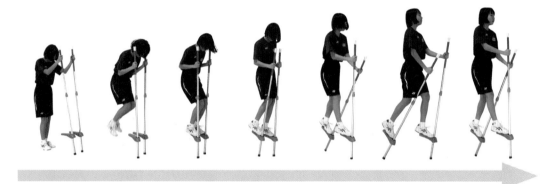

竹馬人形

3　上級の乗り方や技について

ここからは、上級の技や乗り方を紹介する。

9 級　**その場竹叩き（たたき）・竹摺り（すり）連続１０回**

　竹馬に乗り、その場で動かずに左右の竹馬で竹叩きか竹摺りを、連続１０回する動きの技である。１０回ぶつけて叩いたり、かすらせたりしている間は足は静止状態で、終わったら小刻みに歩いても良いので落ちないで、乗り続けていれば成功である。

　この技は**「かつぶし（かつおぶしのこと）けずり」**等の名称で親しまれている。

　叩く場合の入り方は、乗ってから小刻みにバランスを取りながらほぼ動かないで「今だ」と感じる一瞬を判断して、両足は静止状態で竹馬と手だけ動かして竹馬同士をぶつけて叩いたりたり、かすらせたりする動作に入る。これは経験を積み、判断練習をするしかない。

　最初２、３回や４、５回は出来るが、６回以上止まってぶつける事が、なかなか出来ない。

　ト「ントントントン」と、素早く竹馬同士を細かく叩く動作を１０回出来ると非常に達成感のある技で、この静止状態が後の１級に繋がる技となる。

　竹叩き・竹摺りは、①竹馬の上部をぶつけて行う方法と、②左右の竹馬をクロス・交差してぶつけるように行う方法の、二種類がある。

①　竹馬の上部をぶつける方法

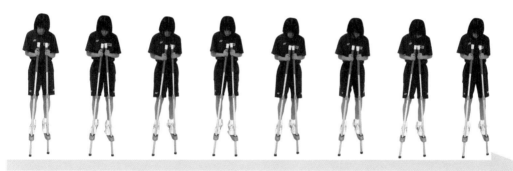

　この技を成功させる秘訣が一つある。それは、いつも持っている竹馬の手の位置を拳２つ分位上を持って行うと出来易い。いつもの手の位置と少し上を持って行ってみると、その違いが分かるだろう。バランスと共に、手の位置も自由に変化させる応用力も必要となるのである。

②　左右の竹馬をクロス・交差してぶつける方法

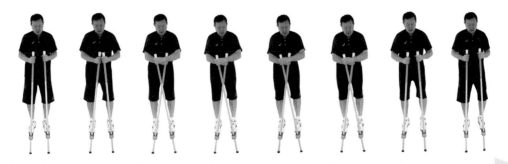

　クロス・交差した上の手の竹馬を小さく前後させ下の手の竹馬に１０回ぶつける方法である。クロス・交差は、左上と右上の二種類のどちらでも出来る。

　①の竹馬の上を持って行う方法と、②の左右の竹馬をクロスして行う方法は、どちらも難しいが、難易度にほとんど差はない。自分の行い易い方法で行うと良い。

8 級　前方障害物跨（また）ぎ・1往復

　竹馬に乗ったまま、高さ３０cm位の平均台等を跨ぎ、向きを変えてもう一度跨いで元に戻る（往復する）という動きの技である。やや恐怖心を伴う技である。

　安全を考慮し、置く障害物はミニハードルや段ボール箱等でも良い。

　この技は、まれにではあるが平均台に竹馬の先端辺りをぶつけて落下したり、転倒したり、平均台に体のあちこちを強打したりする事がある技でもある。

　スポンジ状平均台やミニハードル、段ボール箱の利用でも良いので安全に行わせたい。

　この級は、後の進級カードの達人に繋がる技である。

　練習は、竹馬に乗ってその場で竹馬と手、足を高く何度も上げる練習をしたり、歩く時に足を横から回してみたりする練習で、それ程抵抗なく出来るようになる。

　きちんと練習すれば危険な技ではないが、他の技より集中力と決断力が必要である。

（写真下往復動作）

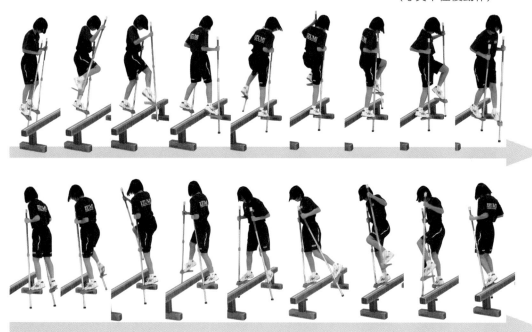

7 級　その場３６０度一回転ターン・左右連続

　この級は、１５級の小刻み歩き一回転の発展となる技である。竹馬に乗り、その場で片方の竹馬を軸にして、右３６０度一回転ターンと、左３６０度一回転ターンを連続して行う動きの技で、左右どちらから回り始めても良い。

　この技は、回転の軸となる足の竹馬は動かさず、ターンのきっかけとなるもう一方で小刻みに回るタイミングを調整し、安定したと思ったその一瞬で地面を大きく強く蹴って軸に体を預けて一気に３６０度一回転させる動きをする。

　最初は２００度位だったり、３６０度前の２７０度位でスピードが落ちたり、軸足が傾いて回り切れず足を着いてしまったりする。その一番の原因は恐怖心で、地面や床でも跳び上がって一回転するとバランスを崩す事も多いと思うが、それを高さのある竹馬に乗って行うので、どうしても落下して転倒したら怪我をするのではないかという恐怖心が芽生えてしまうのである。

　実際には、まず怪我をする事はほとんどない動きで、恐怖心の克服がこの技完成の一番の近道である。写真例は、左より右回転の方が片足軸を中心に綺麗に回っている。（次頁）

　練習は、地面で動きの確認を何度か行って、実際に乗って、失敗したらまた床や地面で確認する。何度も頭と体でしっかり確認してから行うようにすると良い。

<＜左からの３６０度一回転＞

<＜右からの３６０度一回転＞

6 級　**前方腕交差乗り１０ｍ**

　乗ってすぐその場で竹馬を持ち替えて腕を交差し、前に１０ｍ進み、そこで手を元に持ち替えて戻し、そのまま落ちないで竹馬に乗っていれば合格となる動きの技である。
　最初と最後の竹馬の持ち替えが一番バランスを崩して失敗し易い。
　一見竹馬の手を持ち替えて歩く事を考えると、非常に難しいだろうと思いがちだが、普段手と足は反対方向で歩いているので、乗ってみると案外簡単に歩く事が出来る。
　もちろん、最初はどんな状態で歩くのか不安であるが、２、３回乗ってみるとすぐ違和感がなくなる。
　練習は、地面や床で竹馬なしで動きを確認しながら行うと分かり易い。

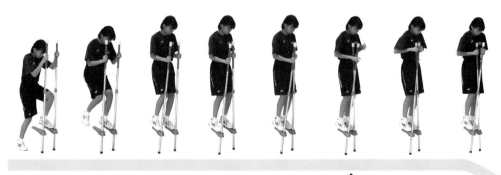

↑
持ち替え

次頁へ　↓

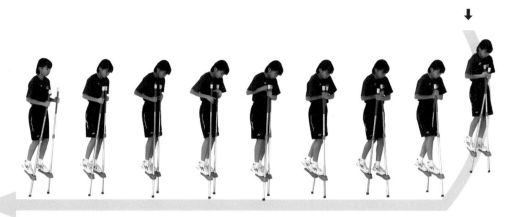

↑
持ち替えて戻す

5 級　前方片足一本乗り１０ｍ（左一本乗り・右一本乗り）

　一本の竹馬を両手で持ち、その一本の竹馬に片足で乗って片足ジャンプのケンケンをしながら前に１０ｍ進む動きの技である。

　乗って進む時には竹馬に乗せていない足も上下させ、上手くバランスを取る事が重要であるが、それ程難しくなく出来る技で、左右両方共行う。

　乗る場合、乗せる足と竹馬を握る両手の上下をどちらにするか考えると良い。

　例えば、右足で竹馬に乗った場合、竹馬を持つ手は左手が上に持つ場合と右手が上に持つ場合がある。（足乗せに左足を乗せる反対の場合も同様）

　どちらが乗り易いかを問うと、本人もよく考えないで行って乗っているので、どちらが良いか意識させて行わせると、乗せている足と竹馬を持つ時に上になる手は反対の方が安定するようである。

　それは、足と手が反対だと体全体が中心軸に近い状態になり、足と手が同方向の場合はほんのわずか半身に近い乗り方になり手が体の中心から外れると大きな動きでは横にぶれ易く倒れる事もある。

　一本乗りを両手で持って乗る場合と片手で持って乗る場合には、合計８種類がある。

　特にどれでなくてはならないというものではないので、何種類かの持ち方で行って自分の好みで乗り易い方法で良い。（次頁１、２バリエーション参照）

＜竹馬一本乗りの持ち替えなしの手と足のバリエーション＞

　竹馬カード内の５級の竹馬一本乗りでは両手持ちが安定しているが、両手で持つ乗り方には、次の４種類がある。いずれの乗り方でも良い。出来れば全てを経験しておくと良い。

　両手持ち・片足乗り４種類の乗り方の難易度は、どれもほとんど変わらない。

＜竹馬一本両手持ち・片足乗りの４種類＞

> ①　竹馬一本両手持ち（左手上右手下持ち）左足乗せ乗り
> ②　竹馬一本両手持ち（右手上左手下持ち）左足乗せ乗り
> ③　竹馬一本両手持ち（左手上右手下持ち）右足乗せ乗り
> ④　竹馬一本両手持ち（右手上左手下持ち）右足乗せ乗り

１　竹馬一本両手持ちのバリエーション

①　竹馬一本両手持ち
　（左手上右手下持ち）左足乗せ乗り

②　竹馬一本両手持ち
　（右手上左手下持ち）左足乗せ乗り

③　竹馬一本両手持ち
　（左手上右手下持ち）右足乗せ乗り

④　竹馬一本両手持ち
　（右手上左手下持ち）右足乗せ乗り

2 竹馬一本片手持ちのバリエーション

竹馬一本両手持ちに続き、竹馬一本片手持ちで片足乗りもある。その乗り方には、次の4種類がある。特に、①と③のどちらかの片手持ち片足乗せ（同方向）は、竹馬進級カード内の特級や名人での動きや技と密接に関連しており、是非練習の一環として出来るようにしておきたい。

ほとんどの人は本人も何となく自覚している事も多いと思われるが、いわゆる利き手利き足という得意な方の手と足があり、やや得意ではない方向ではバランスを崩しがちだったり、不安定で長く乗れない等、動きの違いが顕著になる事が多い。

更に難しい技や動きを行う為にも、必ず両方向の手や足で行って安定させておきたい。

これは竹馬だけに限らず、全てのスポーツをはじめ日常生活での仕事や動きにも影響しており、健康や怪我にも関わる事も意識しておきたい。

＜竹馬一本片手持ち・片足乗りの4種類＞

> ① 竹馬一本片手持ち　左片手・左足乗せ乗り（同方向）
> ② 竹馬一本片手持ち　右片手・左足乗せ乗り（異方向）
> ③ 竹馬一本片手持ち　右片手・右足乗せ乗り（同方向）
> ④ 竹馬一本片手持ち　左片手・右足乗せ乗り（異方向）

① **竹馬一本片手持ち（同方向）**　　　　② **竹馬一本片手持ち（異方向）**
　　　左片手・左足乗せ乗り　　　　　　　　　　右片手・左足乗せ乗り

③ **竹馬一本片手持ち（同方向）**　　　　④ **竹馬一本片手持ち（異方向）**
　　　右片手・右足乗せ乗り　　　　　　　　　　左片手・右足乗せ乗り

竹馬一本乗りには手と足の交換技があり、それについては第8章の（7）で紹介する。

4 級　前方片側背面乗り（左背面乗り・右背面乗り）１０ｍ

　１本は普通に、もう１本は足乗せ部分を後ろ向き背面にして乗り、前に１０ｍ進む動きの技である。
　重心は片方が爪先でもう一方が踵になる事を初めて体験する技で、乗る場合は背面にした竹馬を内側から先に乗り、次に普通の状態で竹馬に乗って前に進むようになる。
　姿勢も動きも、アンバランスでギクシャクするので、竹馬をしっかりと手や腕で支えないと１、２歩で崩れて落下し易いので注意したい。
　背面乗り系は、通常の竹馬に乗る時より拳１つ半位上を持つようにすると安定する。
　左背面乗り１０ｍと、右背面乗り１０ｍの両方行って出来たら合格である。
　両方行っておかないと、次に１級で両足背面乗りになるので、ここでしっかり片足ずつ支えて乗れるようにしておく事が大切である。

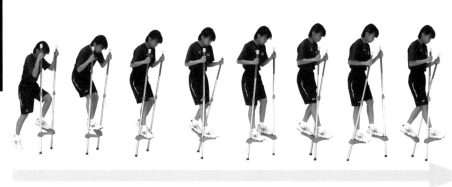

3 級　前方足内側背面乗り１０ｍ

　足乗せ部分を両方前向きにして竹馬の内側から乗り、前に１０ｍ進む動きの技である。
　この技は、二本の竹馬をやや狭めて持ち、その内側から前向きにした足乗せ部分に両足の踵を軸にするように乗るという動きになる。
　更に、上体はやや後傾し持っている竹馬を自分の方にしっかりと引くようにしながら歩くという感じになる。
　注意点として、踵が軸となるので足乗せから滑って落ちないようにする必要がある。
　力は、肩・腕・手と、背筋やお尻部分の力が特に強く必要で、姿勢は腰から踵まではやや後傾してピンと伸ばすようになる。
　この形や動きは、竹馬動作以外では普段の生活上まず行わないだろう。

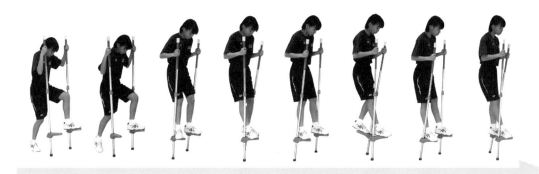

2 級　前方足外回し１０ｍ

　足乗せ部分を二本共前向きにし、狭めた竹馬の外側から足を回して、足乗せに踵を軸として乗せ、背面で乗って１０ｍ前に進む動きの技である。足乗せは進行方向に二つ揃えて、３級は内側から、２級は外側から足を回して乗る事になる。

　この技も３級同様上体をやや後傾し、竹馬を自分の方に引きながら、しがみついたような姿勢で踵を中心に歩くという乗り方をする。３級の内足同様背面乗りの場合は、足乗せと竹馬が大きく前後に動く特徴があるが、２級は握力と引く力の入れ方、踵を軸として足を伸ばして乗りながら落ちないようにバランスを取る動きとなる。

　３級同様、これらの技以外にこの形や動きを普段の生活上まず行わない動きである。

1 級　前方背面乗り１０ｍ

　足乗せ部分を二本共前向きにし、竹馬を脇の下から腰の脇辺りで持ち、後ろ背面に乗って前に１０ｍ進むという動きの技である。

　一見すると、乗れないのではないかと思う乗り方で、普段まず行わない動きである。

　足は、足裏全体で足乗せを踏みつけるように押しながら踵から爪先にと同じ力で重心を移動させながら歩く。

　この姿勢で乗って歩くと、後ろから押されるように大きく重心が移動する感じがする。

　一歩踏み出した所で腕の力でしっかり竹馬を支えないと、前にバランスを崩して落下し易いという特徴がある。

　４級で片方ずつ乗って慣れていれば、両腕で支え続ける事は困難な動きではない。

　３級から１級は全て足乗せは進行方向に２つ揃えて準備するが、相違点は３級と２級は竹馬を前に保持するが、１級は横または背面方向に竹馬を保持する点に違いがある。

　この乗り方は、足乗せ部分を内側にして手を体の横に構えて乗るが、西洋式に近似した乗り方である。

竹馬片方担（かつ）ぎ乗り１０跳躍（左右共行う）

　その場で竹馬の片手を持ち替えながら竹馬を肩に担ぎ、そのまま１０回片足でケンケンをしてから、下ろして乗るという動きの技である。左右どちらから始めても良い。
　この技は、見た目のその様子から我が国では昔から**「鉄砲かつぎ」**とか、**「兵隊さん」「狩人（かりうど）」**等とも呼ばれている技である。

　この技を行うと、次のような特徴的な失敗の傾向が見られる。

１　担ぐ前に手を持ち替えて、担ごうとした瞬間バランスを崩して落下する。
２　竹馬を担いだ瞬間に肩に竹馬の長さと重さが加わり、バランスを崩して倒れたり、落下したりする。
３　担いで１０回片足跳躍後、下ろそうとした時バランスを崩して落下する。
４　下ろして手を元の状態に持ち替えようとした時にバランスを崩して落下する。

　練習方法として、最初竹馬に乗らずに地面に立って竹馬の手を持ち替える動作や、担ぎ動作、下ろす動作等を何度も練習してから行うと良い。竹馬を持ち上げると長さと重さでバランスを崩すので、見ているより安定して行う事が難しい技である。

<h2 align="center">＜ 左の竹馬片方担ぎ乗り＞</h2>

＜ 右の竹馬片方担ぎ乗り ＞

竹馬担ぎには、担ぎ始めや下ろして持ち替える場合に、細かく分けると次の**3つの方法**がある。

1　担ぐ時と、下ろす時に手を持ち替える方法。
2　担ぐ時と、下ろす時に手を一瞬離して持ち替える方法。
3　担ぐ時に竹馬を蹴りながらその反動で持つ手を移動させて担ぐ。下ろす時には担いでいる竹馬の棒の前の方に手をずらして伸ばして持ち、その手をやや力を入れて下げると同時に体を前傾させてその反動で竹馬を下ろしながら「すーっ」と手と手首を返すように持ち替えて乗る方法がある。

　紹介写真では、左担ぎの時に1の手を持ち替える方法を、右担ぎでは下ろした時に2の手を一瞬離す方法を行っている。
　3の蹴ったり反動を付けたりする方法はあまり行わないが、蹴るという動作からその動きの場面でバランスを崩し易く、その動作からもやや行儀が悪いような感じがするという人もいる。
　いずれかの方法のどれが自分に合うか、試したり工夫したりしてみると良い。

達人　その場竹馬片足中刺し入れ・戻し乗り（左右行う）

　竹馬に乗り、その場で片方の竹馬を前に倒して入れる空間を確保し、バランスを取ってもう一方の竹馬を一気に高く上げながら出来た空間に刺し入れると、足がクロス・交差した状態になる。そのまま何秒かバランスを取って抜いて元に戻すという非常に難しい動きの技である。左刺しと右刺しの両方を行うが、どちらから始めても良い。

　この動きは、竹馬の先を刺し入れるという動作から、**「剣刺し・剣抜き」**とか、**「刺し・戻し」**等とも呼ばれている技である。

　この技は、技術と共にもう一つクロス・交差した時の不安定さや竹馬同士が絡んでしまい転倒するという恐怖心が伴うので、その克服も成功の鍵となる。

　この技の**失敗の特徴**には大きく次の**4つ**がある。

1　片方の竹馬を中に入れようとした時に失敗する。
2　片方の竹馬を入れて着地した瞬間に失敗する。
3　片方の竹馬を入れて着地し、バランスを取っている間に失敗する。
4　片方の竹馬を戻そうとしている時に失敗する。

　恐怖心の克服と技術習得には、竹馬を低くして練習する方法、竹馬に乗らずに地面で竹馬を持って刺し入れと戻し部分を練習する方法が良い。

＜ 左への片足中刺し入れ・戻し＞

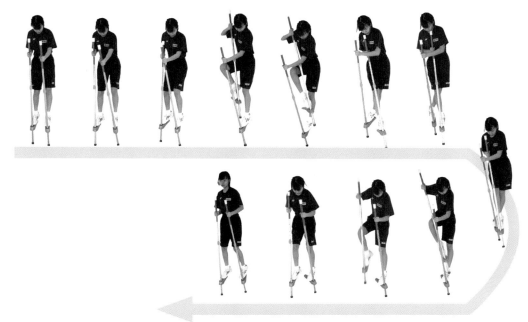

＜ 右への片足中刺し入れ・戻し＞　　※足のみ拡大して紹介

↑左足を上げて右中に　　　　↑右から左へ上げて戻す

113

物 拾 い

竹馬に乗ったまま、下に置いてある物を拾って元の姿勢に戻るという動きの技である。
　ちりやごみを取る様子に近い動作から**「ちり取り」**とか**「ごみ拾い」**等とも呼ばれている。竹馬での姿勢変化とバランス保持能力、集中力、思考・判断力等のトータル的な力や能力・技能を要する究極の技とも考えられる、非常に難しい技である。

　この技を行う時の**注意点**は、次の**4**つがある。

> 1　いつ、どんな姿勢から始めるかを考えて、始めるタイミングに集中する。
> 2　竹馬の持ち手を下げていき、体を屈めたり片方の竹馬を落ちないように斜め前や横に寝かせたり、軸になる竹馬の下でしっかり持って拾う準備に入る。
> 3　ほんのわずか瞬間的な動きで、スッと拾い上げる。
> 4　慌てず、そして素早くバランスを保ちながら元の姿勢に立て直して立ち上がる。

　この技は安定して常に行う事が難しく、一度出来てまた続けていつでも出来るというような簡単な技ではない。全ての感覚を研ぎ澄ませて始めから終わりまでの動き全体に難しさを感じる技である。
　入り始めにわずかでも狂いが生じた場合は、すぐに姿勢を立ち上げてまたやり直すという事が多い。何とか拾ったところで、安心して一瞬でも気を抜くとそのままバランスを崩して落下したり、倒れたりもする。

　この練習では、竹馬に乗らないで姿勢をどのように、どの位曲げたり、沈み込んだり、竹馬をずらしたりするか等を何度も考え、一番自分に合った形や動きを作り上げる必要がある。この技には屈んで取るという形が、挑戦する一人ひとりが全く同じ形になるとは限らない。自分が取り易い姿勢や竹馬の角度、タイミング等を微調整して身に付ける事が大切である。
　拾い方には、①屈んで拾う方法と②片方の竹馬をずらして傾けながら拾う方法という次の2種類があり、自分に合った方法で行うと良い。

①　その場で屈んで拾う方法　　　　　　　　　竹馬から手を放して取る

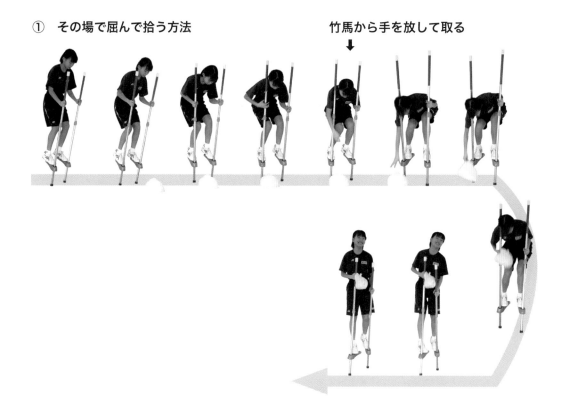

② 片方の竹馬を斜めに傾けて拾う方法

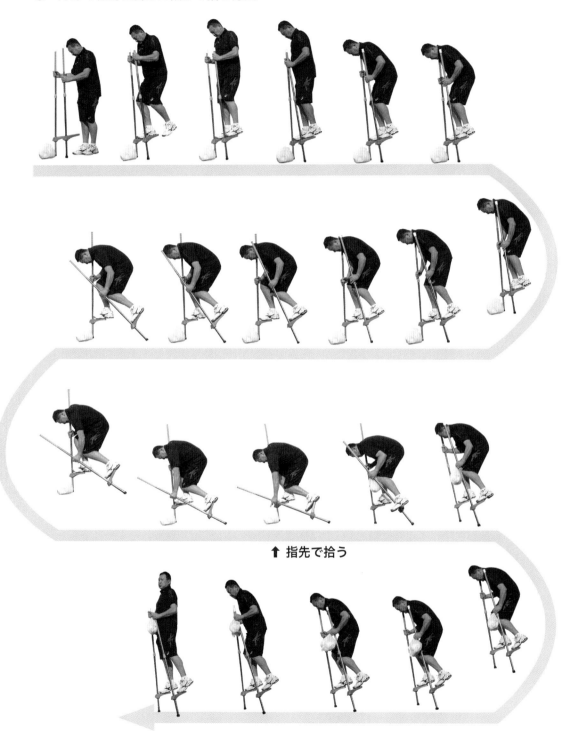

↑ 指先で拾う

　①のその場で屈んで一度手を放して拾う方法と、②の片方の竹馬を軸としもう一方を後方にずらして寝かせながら指先で拾う方法を紹介したが、この２つの拾い方・取り方を参考に、是非新たな拾い方・取り方を考え、工夫挑戦して作り上げて欲しい。

4 竹馬カードの級以外の動きや技の紹介

　最後に、関連・発展技等について幾つか紹介したい。竹馬の乗り方も、まだまだ多くの動きの技が考えられ、竹馬に乗って遊んでいるうちにこれらに近い動きになる事や新たな発見がある。これらは、あくまでも参考例やヒントであるので、全て出来なくてはならない動きや技ではない。

　紹介例を参考に、自分だけのオリジナルの動きや技を作り、安全に注意しながらより工夫した竹馬の乗り方を考え、楽しい時間を過ごして欲しい。

（1）　竹馬の乗り始めの足の動作や、乗ってからの足の工夫例

①　竹馬両足同時跳び乗り（5種類）

　床や地面から、両足同時に**ジャンプして竹馬の足乗せに乗る方法**は、次の**5種類**が考えられる。

＜床や地面からジャンプして竹馬に乗る方法＞

> 1　後方から跳び上がって前方に乗る方法（進級カード10級の動き）
> 2　竹馬を狭くして、竹馬を間に入れるように両足を開いておき、ジャンプしながら閉じるように乗る方法
> 3　竹馬を肩幅位に開いて置き、その間に両足を閉じた状態からジャンプしながら外に開いて乗る方法
> 4　足を交差しておき、そのままジャンプしながら空中で足を戻して乗る方法
> 5　竹馬の横（左または右横）に両足を揃えて立ち、斜め横上にジャンプしながら乗る方法

　その他にも少し工夫すれば違う乗り方も出来るが、新しい動きを行う場合は、実態に応じて安全に注意して実施して欲しい。

ア　後方から前方に乗る

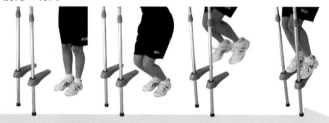

イ　外側から閉じるように乗る

ウ　内側から外に開いて乗る

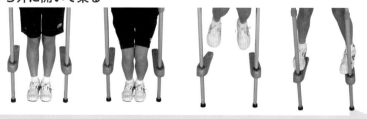

116

エ　交差から開いて乗る

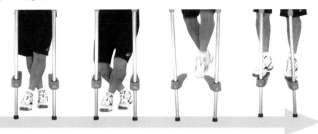

オ　横から跳び乗る

②　両足同時跳び上がり、左右半拍ずらし乗り

　この動きは、両足同時に跳び上がるが、ほんのわずかにどちらか片方の足を先に乗せ、もう一方を半拍ずらして乗せるという動きの技で、左右どちらの足をずらしても出来るリズミカルで楽しい乗り方で、特に難しくはない。

　両足で跳び上がると、偶然左右どちらかが遅れて乗る事がある事に気付き、意識してずらして上がれるのではないかと考え、行った乗り方である。
　写真は、右足が先に乗り左が遅れて乗る寸前であるのが分かる例である。（写真下）

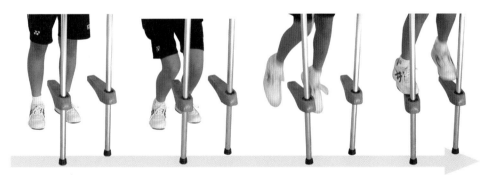

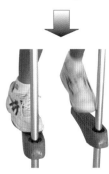

左足が遅れて乗る

③ 　両足同時跳び上がり、空中足打ち上がり乗り

　この上がり方は、両足同時にジャンプして、空中で両足の内側で足打ちを一回してから竹馬の足乗せに乗る、という動きの技である。
　両足ジャンプ乗りの応用としての乗り方・上がり方である。

　足打ちのタイミングには、次の**二種類**がある。

> **一つ目**は、ジャンプし始めに足打ちをして開きながら乗る方法
> **二つ目**は、ジャンプして少し上がってから乗る寸前に足打ちをして開く方法

　写真（下）は、上がって乗る寸前に足打ちをした例である。

　どちらもほぼ難易度は同じなので、両方やってみるのも良いだろう。
　上手くなると、二回や三回等と足打ちして乗る事も出来るが、一回でも十分である。

④ 　足乗せ同時垂直ジャンプ乗りと空中足打ちジャンプ乗り

　竹馬に乗り、足乗せに乗せている両足を同時に垂直・上に5、6㎝ジャンプしてからもう一度乗るという動きをする。中級程度であればすぐに出来る動きの技で、危険性はない。
　慣れると、写真のように15㎝前後は跳び上がる事が出来る。
　また、ジャンプ時左右の足の内側を打ち、開いて乗る事も出来る。（写真下）
　更に、発展として難しくはなるが、ジャンプしながら足を交差して戻す乗り方も出来る。

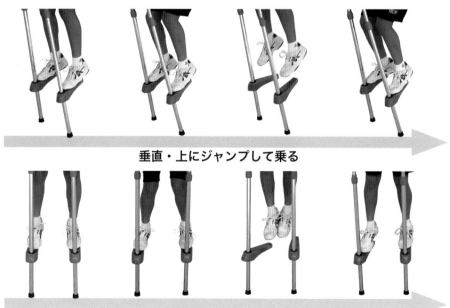

垂直・上にジャンプして乗る

ジャンプして竹馬の間で足打ちをして開いて乗る

⑤　足乗せ上足踏み乗り

　通常の状態で竹馬に乗り、その場で左右の足を上げて足踏みをして乗る動きの技である。この乗り方は、竹馬初心者が歩こうとすると手と足が連動せず、足乗せから足が外れる様子を見て、意識的にわざと離して足を上げられないかという事から行った技である。

　見た目は簡単そうだが、実際に行ってみると竹馬は動かさずに足だけ上下するので、つい歩き出してしまいそうになり、今までにない動きに違和感を感じると共に、非常にバランスの取りにくい動きである。
　上級者以上の乗り方だが、特に危険性はない技である。

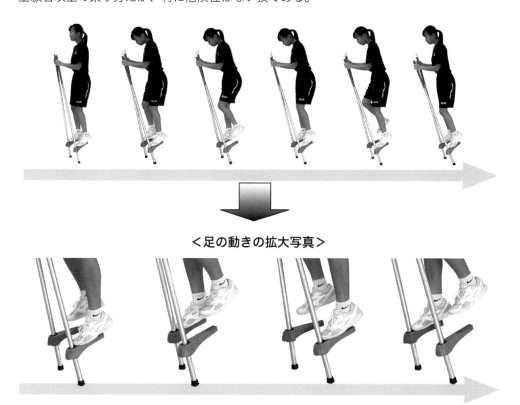

＜足の動きの拡大写真＞

⑥　足乗せ空中大の字ジャンプ乗り

　空中に上がるジャンプでは一番難しい、大の字ジャンプをする動きの技である。（次頁）
　こんな動きも出来るだろうと簡単に思われるが、当然ながら空中に高く上がれば上がる程、着地で足乗せに正確に乗せる事が難しくなると同時に、恐怖心は半端ではない。それは、１０㎝幅の器械体操の平均台より竹馬の足乗せの幅の方が細いからである。
　最上級者向きの相当危険度の高いジャンプである。

　これを実施する場合は、地面や床で何度も着地場所を確認して行ったり、段ボール等を足乗せの形に切って下に置いてジャンプして乗る練習を十分積まないと簡単には出来ない。
　下の写真まで上がると、下りる時かなりの衝撃が掛かるので、成功するには相当な練習が必要で、わずかでも足乗せを踏み外すと失敗すれば痛い思いをするだけでなく、足首の捻挫や骨折は免れない。格好はいいが、最善の注意が必要な難しい技である。

⑦　交互片足外し乗り（片足内側外し乗り・片足外側外し乗り）

　竹馬に乗り、その場でどちらかの足を竹馬と竹馬の内側に外すか、どちらかの竹馬の足乗せの外側に外す動きの技である。様子として内側では乗せていない足が、ぶらぶらとしたようになり、外側に外した場合は、横に振るような動きに近い感じになる。

　左右どちらかの足を、内側か外側に外す事で、左右で左中・左外・右中・右外の四種類が出来る。

　次第に慣れると、外している間に足を前や後ろに振ったり、竹馬の前や後ろで足を横に振ったりする等の動きも出来る。

　この動きは簡単そうに見えるが、実は内側外しは意外に難しく、外すととても不安定になり倒れてしまう。それに対して、外側に外す動作は難なく出来る。

　理由は、内側外しは外す側と反対側の足に重心を一端移さなくてはならないからで、外側外しは重心が足を開くように同じ方向の足の外側に移動するだけなので、難しくないのである。

＜片足内側外し乗り＞　　　　　　　　＜片足外側外し乗り＞

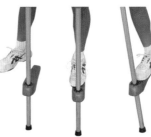

　　竹馬右内側外し　　　　竹馬左内側外し　　　　　竹馬右外足外し　　　　竹馬左外足外し

⑧　左右足移動重ね乗り

　左右に片足を動かして足の上に重ねるという動きの技で、内側外しと外側外しが出来るようになると、左右に片足を動かして、もう一方の足の甲に重ねて乗る事が出来る。

　この動きは簡単そうに見えるが、乗せてから戻すまで静止状態で行うので軽く重ねないと前への重心が上から抑えられ、ふらついて落下してしまうので軽く乗せて行うのがコツである。見るより難しい動きである。

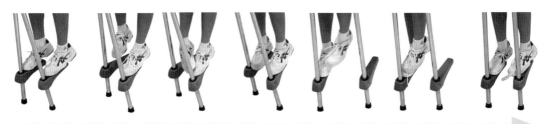

⑨　左右足乗せ反対片足乗せ互い違い・戻し乗り（二種類）

　片足を反対側の竹馬に交互に移動して戻す動きの技で、**二種類の動き方**がある。動きは左からでも右からでも出来る。左右重ね乗りの発展となる技である。

　一つ目は、右の竹馬の足乗せに左足を移動させて乗せると同時に右足を外し、そこから一度両足に戻し、次に左側で同様の動きをする。移動の間に両足を入れる動き方。

　二つ目は、右の竹馬の足乗せに左足を移動させると同時に右足を外す。次に右から左の足乗せに外した右足を移動させながら乗せると同時に左足を外し、最後に両足に戻す動きで、右移動、左移動、最後に両足という動き方。

　当然一つ目は易しく、二つ目の動きはかなり難しい。移動すると足がやや斜めに入り、バランスが取れなくなり、乗り損ねるか踏み外すかどちらかで横に瞬時に倒れる。

　乗ったとしても足の裏全体の乗り方になると今度は後ろに倒れる、という全ての移動で非常にバランスを取るのが難しい動きで、最上級者レベルの移動足技である。

　この足技では、片足を外した移動時と握っている竹馬にかなり体重が掛かりケンケンは重くて出来ない。更に反対側の足に乗せる次の動きへの余裕がなくなる為、一連の動作は集中してしっかり竹馬を握り、ほぼ静止状態で3秒以内で行った方が良い。

ア　両足から右へ左片足で乗り移り、一度両足に戻して左へ右片足で乗り移り、戻る

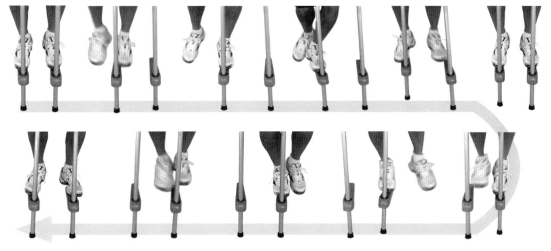

イ　両足から右足乗せに左足を乗せ、連続して右足を左足乗せに乗せてから戻す

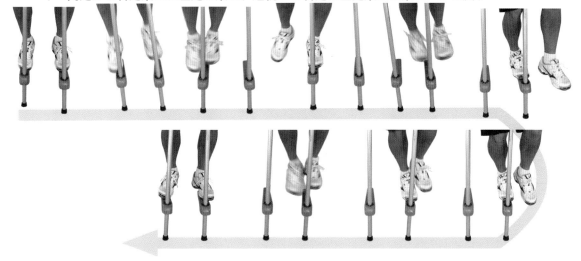

121

足の交差系には、**両足同時足乗せ交差・戻し乗り**という技もある。この技の場合は最初に普通に乗っていて、足だけジャンプして交差し、それぞれ反対側の足乗せに乗せたところですぐにジャンプして交差をほどいて元に戻す、という動きの技であるが、実は乗ってジャンプし、両足を交差して反対側の足乗せに乗せる技が一番危険度が高い。

　それは、一気に両足を交差したまま足乗せに乗せようとすると、足裏が均等に接する事が出来ずに横滑りしたように足を捻った状態になり、足乗せにしっかり乗せられず乗り損ねてしまう。
　そして、交差したままバランスを崩すと足が交差したままである為、まず立て直しが出来ずに、落下時は全く立てない状態でかなり危険な落ち方や倒れ方をするのである。
　筆者も何度も足を擦りむいたり、危険な転倒を経験したりしている。

　頭では出来る、出来るはずだと思っても、交差した足はほぼ間違いなく足乗せに乗り損ねてしまうので両足同時交差・足乗せ戻し乗りだけは勧められない。
　乗ってからの同時ジャンプ足交差乗り系の技は、行わない方が良いだろう。
　これら足や手の交差系乗りは、高度な技としての紹介だけにしておく。

⑩　足交差・戻し乗り

　二本の竹馬を平行に狭く立て、左の竹馬に右足を乗せ、右の竹馬には左足を後ろから交差して乗せる。乗せて立ち上がったら、ジャンプして交差した足を空中で戻しながら足乗せに正常に乗せるという動きの技である。
　上級者でもかなり難しい技で、大変成功率が低い。

　理由は、竹馬に交差して足を乗せると、特に後ろに交差した足の爪先や足がしっかりと足乗せに乗せられず重心が安定せず後ろ足で竹馬の足乗せを探すようになるからで、そうなると後側の足に神経がいってしまい、体も後傾して倒れてしまうのである。

　この技では、次のような失敗をする。

1　最初にクロスした足で立ち上がろうとした時にバランスを崩して後ろ足まで乗せられない。
2　足をクロスして、乗ろうとした後側の足を足乗せに乗り損ねて落下する。
3　乗ってから、戻そうとジャンプした時に足乗せを踏み外したり、乗っても爪先以外の足の脇や土踏まず付近を乗せたりするか、片足は乗せてももう一方を乗り損ねたりして落下する。
4　足が戻る途中で足乗せにしっかり乗れず、捻れたように竹馬から落下する。

　また、この技では交差した足を戻す瞬間に上級者でも危ないと感じたり、恐怖心を抱いたりする。それは、クロスした足同士を空中でぶつけたり、戻す途中に竹馬にぶつけたりすると間違いなく竹馬と足が床や地面に着く前に足首を捻挫したように横から転倒する懸念があり、それを乗りながら常に感じるからである。

　そのような転倒の場合、竹馬が手から放れる余裕がなくなってしまい竹馬の上に落ちると大怪我をするのである。それを避ける為には、乗り始めからほんの一点のバランスが整っていないと感じた瞬間があったら、すぐに竹馬を捨てるように放してしまうしかない。

　写真（次頁）では、いとも簡単に行っているように見えるかも知れないが、足の交差系の難しさは他の竹馬種目では感じる事は出来ない。
　両足を乗せたところで沈み込み、上体をやや被せるようにした一瞬にわずかにジャンプすると共に、クロス・交差した足をぶつけないように入れ替えて戻すという一連のスムーズな動作で行わないと出来ない。

　足の交差系は上級者でも非常に難しいので、怪我には十分注意して行って欲しい。

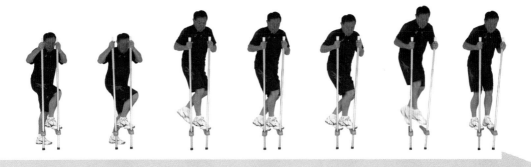

⑪　持ち手交差足交差・戻し乗り

　竹馬を交差して持ち、足も交差して乗せて立ち上がり、乗ったところで手の交差と足の交差を戻して乗るという動きの技である。
　当然ながら、この技の前に⑩の足交差・戻し乗りが出来ていないと出来ない技である。

　動きとしては、手を交差した竹馬は、交差したまま上からやや前に傾けながら立ち上がり、交差した足が乗った瞬間にすぐに手の交差を戻すようにする。
　手を戻した状態でバランスが取れていると感じたらすぐにわずかにジャンプして足の交差を戻すという動作に入るという手順を踏む。

　この技のポイントは、手と足を交差して立ち上がった瞬間ピタッと安定した瞬間に交差を戻す部分と、交差を戻した状態でピタッと安定していたら間違いなく足交差を元に戻す事が出来る。その２ヶ所が成功の分かれ目となる。

　手も足も交差するという、拘束されたような乗り方をするので、竹馬ではかなり難しい乗り方の一つと言って良いだろう。
　上級者で、もしこの技を行う場合は怪我には十分注意して行って欲しい。（写真下）

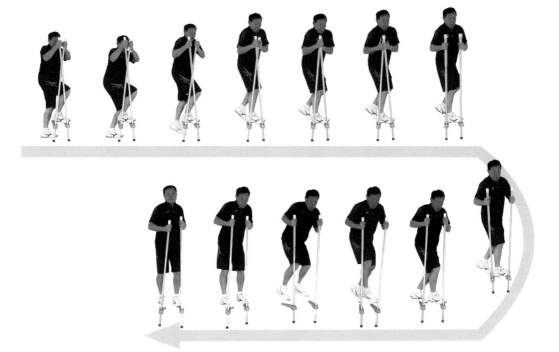

⑫　両足同時跳び乗り・竹馬漕ぎ跳び

　二本の竹馬を立て、その後ろにやや距離を取って立ち、大きく前方に両足同時に足乗せに跳び乗り、更に乗ってから竹馬を支えとしながら膝を曲げて力をため、前に漕ぐように竹馬を後ろに押して両足で大きく前に跳び降りる、という中級程度の動きの技である。

　どれだけ遠くに跳べるかの遊びをしている様子を技としたものである。

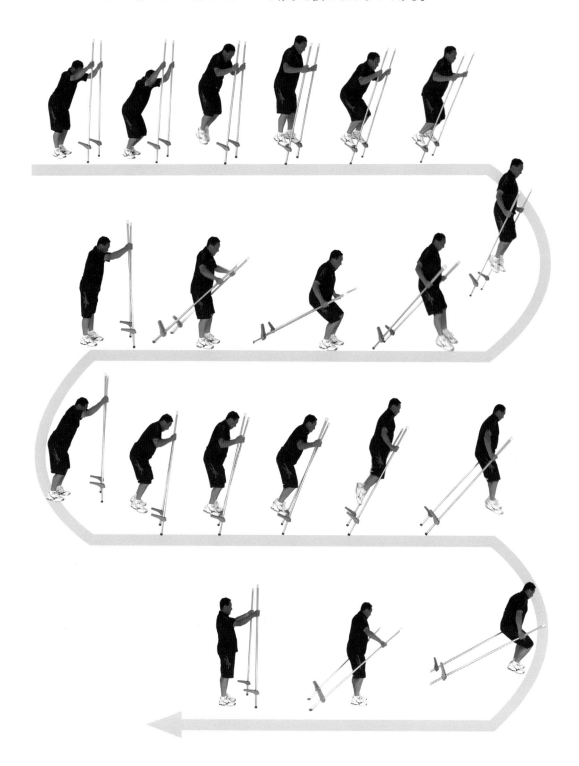

（2） 竹馬の持ち方を工夫した乗り方例

第3章の3の（2）の持ち方の中から、最も乗りにくい持ち方で乗る技を紹介する。
主として、上級者以上の乗り方である。

① 下持ち前向き持ち乗り

竹馬の下部分を、手首を前方に向けて持って乗る動きの技である。
この乗り方で、前後に歩いたり回ったり出来るが、素早い動きで大きく歩いたり動いたりは体勢上出来ない。

進級カードの竹馬担ぎ乗り等、技によっては片方だけ技の途中でこの持ち方をする事があるが、このままの持ち方で両手で持ちながら歩く事はまずない。
この技の乗り方は、竹馬から体が離れると転倒してしまう事が多く、竹馬と体はなるべく密着して乗ると良い。

② 上持ち交差前向き持ち乗り

通常、交差をすると手の平は体に向かって後方に向くが、この乗り方はその反対に交差したまま手首を前に向けて交差して持つ、という動きの技である。

乗ってから手首を持ち替える方法と、乗る前に交差しておいてそのまま立ち上がって乗る方法がある。手首や腕、肩が捻れたようになりかなり苦しい体勢になるが、この乗り方で前や後ろに歩いたり、左右の手を反対にしたりする事も出来る。
体の正面での交差技では、一番難しい動きである。

125

③　下持ち交差後ろ向き持ち乗り

　この乗り方は、腕を下に伸ばして、左右の手を後ろ向きに交差して竹馬下部を持つ動きの技である。手の交差上下の重ね方は、左右反対にしても乗る事が出来る。

　交差するには、通常の持ち方から手を下げていきながら竹馬を体に密着させ、手を交差に持ち替える方法と、乗る前に交差しておいてそのまま乗る方法がある。
　この持ち方で前や後ろに歩いたり、回転したりする事も出来る。

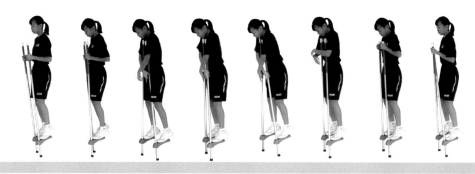

④　下持ち交差前向き持ち乗り

　乗り始める前に腕と手を交差前向き持ちにしておき、静かに立ち上がり体が竹馬から離れないように乗る動きの技で、通常このように反対向きに下で交差して乗る事はまずないだろう。左右の手の交差の上下の重ね方は、反対にしても出来る。
　この技は、乗ってから腕を下にして交差する事が難しく、もしそれを行った場合、手首や親指等を捻ってしまうか、失敗すると竹馬が捻れたように外側横か後方に急激にバランスが崩れて転倒を伴う落下になる事も多く危険性が高まる為、最初に手を交差してから乗り始めた方が良い。

　また、落下しないよう乗ってからも竹馬と腕や体を密着させる必要がある為、竹馬の間に頭を入れて上半身が竹馬に密着したような姿勢で乗るようになる。わずかな動きにはなるが、これで前や後ろ等にも歩く事が出来るが、バランスを崩すと手が瞬時に放れにくく転倒や怪我の危険性も高い技で、注意が必要な上級者以上の技である。

＜交差部分の拡大写真＞

⑤　背面交差持ち乗り

　通常の平行持ち背面乗りから、背面に乗ったまま平行交差持ちにして乗って戻すという動き
の技である。
　この乗り方は、三角竹馬を後方に構えて乗った形を後ろから見た姿勢と、なわ跳びの背面交
差跳びからヒントを得た乗り方であるが、上級者以上の難しい動きの技である。

　交差した時の手の状態は、前向き持ちや後ろ向き持ち、横向き持ちが混じったようなややはっ
きりしない持ち方で持つようになる。肩関節が硬くなった大人にとっては、特に難しい技である。

　この技は、通常の背面乗りからでは手を交差する状態が自分では見えないので、交差途中で
落下したり転倒したりすると竹馬が放れずに、肩を痛めたり腕や手首を捻ったりする事がある。
　その為、脇を締めて竹馬を挟むような姿勢から交差に持ち替えるのが良い。
　この持ち方で前や後ろに歩く事が出来るが、怪我には十分注意が必要な難しくやや危険な技
である。

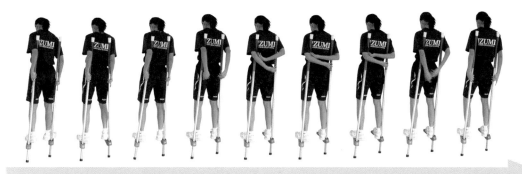

⑥　両手上下位置離し持ち乗り（竹馬一本）

　一本の竹馬を両手で持つが、その両手を上下に離して持って乗る動きの技である。
　中級程度の力があれば特に危険性は無く、すぐに乗れる技である。

　前向きや後ろ向き持ちの持ち方と同方向と左右で方向を変える持ち方をすると、右後ろ向き
上持ち・左前向き下持ち、左後ろ向き上持ち・右前向き下持ち、右が上の後ろ向き持ち・左が
下の後ろ向き持ち、左が上の後ろ向き・右が下の後ろ向き持ちの合計４種類が出来る。

＜両手で持つ方向を変える＞　　　　　　＜両手共に同方向で持つ＞

後ろ向き上持ちと前向き下持ちで乗る　　　両手共に後ろ向き持ち

⑦　両手上下位置離し持ち・片脚抱え乗り（竹馬一本）

　一本の竹馬に乗りながら片手を放し、そこから片脚を曲げて上げた膝下に手を入れて、脚を抱えながらケンケンする動きの技で、左右どちらでも出来る。
　脚を抱えてケンケンを１０回したら下ろして、手を両手上下離し持ちに戻す動きをする。

　脚を抱えたままケンケンをする時に、抱えた方の足に重心が移動してしまうと、倒れてしまうので、抱え上げながら体を垂直方向にまっすく上げるようにすると跳躍も安定する。

　特に危険性はないが、両手持ちや片手持ちが安定していないと出来ない上級者の技である。
　写真は、外側で左脚を左手で抱えた例である。

⑧　両手上下位置離し持ち・外側片脚入れ乗り（竹馬一本）

　⑥の上下に離した手の間に片脚を入れて乗る乗り方で、⑦の抱え乗りの発展技である。（次頁上）
　竹馬の中では、一番変わった姿勢の乗り方だろう。姿勢変化の乗り方として脚を抱えるように入れたりする部分がある為、上級者向きの技で左右どちらでも出来る。

　この乗り方は、昭和初期から昭和４０年代に小さい子供が大人用自転車に乗る際、当然足が地面につかない為、何とか乗りたいとサドル下のフレーム部の三角形内に横から片脚を入れて体を斜めにしながら自転車も傾けて不自然な姿勢で乗るという、通称「三角乗り」をしていたのであるが、そこからヒントを得た乗り方である。
　今では自転車の構造そのものが進化して変わってしまったので、三角乗りを見掛ける事はなくなり、知る人もほとんど居なくなってしまった。

　外側が出来れば内側に脚を入れて乗れないか挑戦してみたが、体勢的に竹馬をやや寝かせる時に、足乗せの角度が横になり、乗せている足元が捻れてどうしても滑り落ちてしまい無理であった。

　この乗り方には、次の**三種類の方法**がある。
　一つ目は、まず竹馬を同方向の片手・片脚だけで乗ると同時に乗せていない脚を上げ、竹馬を持っていない下になる手を脚の下に持って行き、竹馬を掴んでケンケンしながら乗る方法。これが一番易しい方法である。

　二つ目は、上下に手を離した状態で乗って何回かケンケンした後に脚の下に入れる竹馬の下の手を離して、脚の下に入れて持つ方法で、一つ目の方法より難しい方法である。

　三つ目は、上下に手を離した状態で乗ってから上下の手を放さずに片脚を上げて持っている上手の手の中に入れる方法で、ほぼ不可能に近く、バランスも取りにくく、手を放さない為に脚入れの際、非常に危険な方法である。この方法は、成功率も極端に低く脚入れ時に失敗するとまず怪我は避けられない状態になるので、無理に挑戦しない方が良い。

いずれの乗り方も、脚を入れていてバランスを崩した場合は、下の手をすぐに外さないと危険な転倒を招くので、注意して欲しい。

　写真は、二つ目の方法例である。脚を入れる時に竹馬を立てるように垂直に足を上げながら行うと、脚の下に手が自然に入り易い。脚を下ろして竹馬を持つ時に気を抜くと、前や後ろ・横にも倒れてしまうので最後まで集中して行いたい。

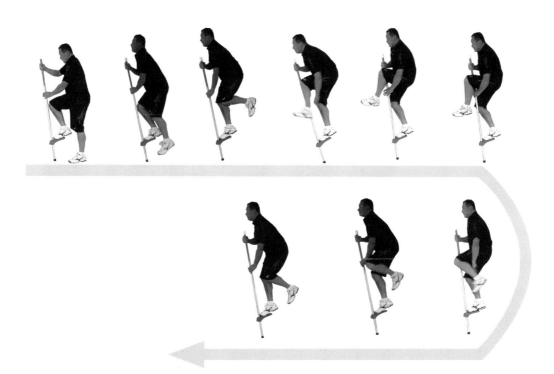

⑨　両手背面下左右挟み持ち乗り（竹馬一本）

　竹馬一本を両手で背面下で左右から竹馬を挟むように持って乗る動きの技である。
　乗ったらすぐに竹馬を背中に付けるようにして乗らないと、すぐに落下してしまうので注意したい。背面一本で様々な持ち方で何度も試してみたが、この持ち方以外に乗って進むような動きは出来ないようである。

　背面での竹馬支持は力が入りにくく、簡単そうに見えるがバランスが不安定になるので非常に保持が難しい動きとなる上級者以上の技である。

⑩　持ち手交差・足交差乗り

　竹馬を持っている手も、足も交差して乗る動きの技で竹馬を掴む手と乗っている足を前に出して交差するという、交差する乗り方ではこの体勢が究極の技となる。
　手と足の交差の前後位置は、左右どちらを前後にしても出来る。

　その為この乗り方では、このまま小刻みにジャンプして前後に移動したり、ジャンプしながら左右に回ったりするような動きしか出来ない、上級者以上の技である。

　交差して元に戻す際に、どちらからどう持ち替えるのか迷ったりする等、脳にも複雑な情報を正確に伝令する必要のある技である。

　写真例では、足から先に交差しているが、これを手を先に交差してから足を交差するという動きの順番も出来る。元に戻す際も同様に二種類出来るので、試してみるのも良いだろう。

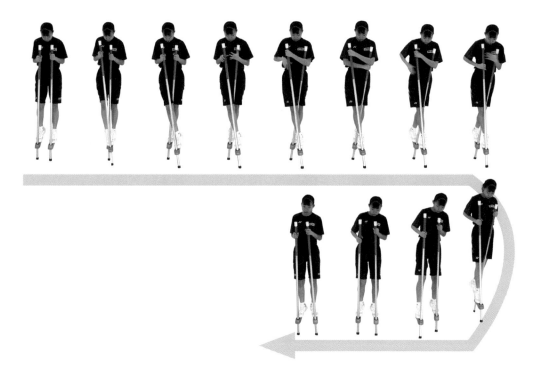

民族衣装をまとい竹馬に乗る

（3）　歩き方等での、脚や足を工夫した乗り方例

①　その場もも上げ

　竹馬に乗り、持っている竹馬の手を頭位まで高く上げ、連動して膝や腿を腹部近くまで交互に上げるという、地面の上で行うもも上げ動作のような動きの技である。

　この技は、竹馬を持つ手を頭位まで上げるが、その時に、足乗せに乗せている足を引き上げに遅れないように軽く爪先立ちになりながら、一緒に上げるようになる。
　最初、中々上手く高く上がらない。引き上げと、もも上げをタイミング良く合わせる動きで、上級者向きの動きである。

　進級カード内のスキップやツーステップの練習として、更に発展した級では障害物跨ぎ越しの練習にもなる動きである。

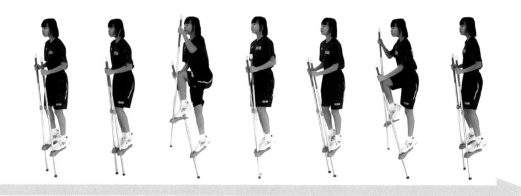

②　大股歩き

　通常竹馬に乗って歩くと一歩が３０〜５０㎝位であるが、ほぼその２倍位の１ｍ以上大きく竹馬を前に出しながら歩く、という動きの技である。

　どこまで広げるかは技能との問題で、全く危険な技ではないが無理に歩幅を広げようとすると、体重や重心移動が上手く対応出来ずに落下してしまう。
　スキップとツーステップの練習とも関連している動きである。

③　両足同時ジャンプ前進

竹馬に乗り、両足同時に前にジャンプしながら進む動きの技である。
　着地や次のジャンプの準備として重心を一度下げ、踵を上げながら爪先に重心を移して、伸び上がるように斜め前方にジャンプをする。特に難しい動きではない。

　ジャンプは、途切れ途切れではなく、同じリズムで休みなく連続してジャンプして前進する。
　途中でリズムを変えたり、休んだりしようとすると進み続けられなくなるので、一気に進み続けた方が良い。

　動きとしてそれほど疲れるように重いという事もなく、見た目より連続ジャンプの難しさは少ない。
　中級から上級者であれば、すぐに出来る技である。

＜全体の動き＞

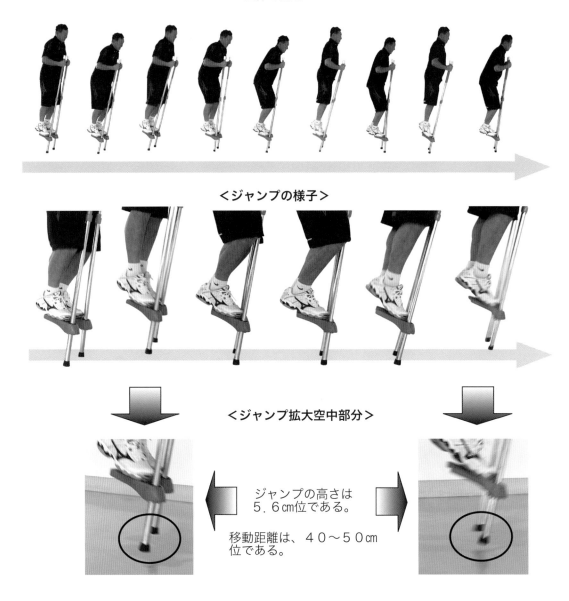

＜ジャンプの様子＞

＜ジャンプ拡大空中部分＞

ジャンプの高さは
５．６㎝位である。

移動距離は、４０～５０㎝
位である。

④ 前後足交差（足オープン＆クロス）

　両足を肩幅位に開き、次に左前、両足開き、右前等と開く（オープン）と閉じる（クロス）等（その反対）を組み合せる動きの技で、左前と右前の両方のクロスが出来る。
　最後は、両足－右前－両足－左前と一拍子となるが、最初のうちは一拍子で中々出来ないので、足をクロスするタイミングだけ二拍子とか三拍子で足を交差するようにして、次第に一拍子にして行くと良い。

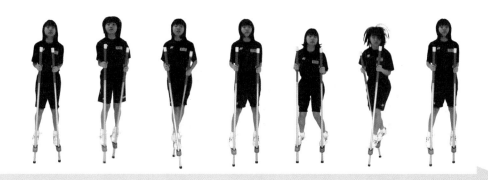

⑤ 片足振り

　竹馬に乗って、片足を上げながらいろいろな方向に振る動きの技である。
　足を振る動作には、前後振りや左右横振り等がある。
　この動きの乗り方が出来るようになれば、竹馬サッカーにも利用出来るようになる。
　それぞれの振り動作が出来ると、連続して前後左右振りを行う事が出来る。
　更に、関連する動きとして振らずに片足ずつ左に左足で・右に右足で・前に左足で・後に右足で下がると前後左右移動乗りともなる。振るより移動は簡単なので紹介だけにする。

＜片足前後振り＞

＜片足左右横振り＞

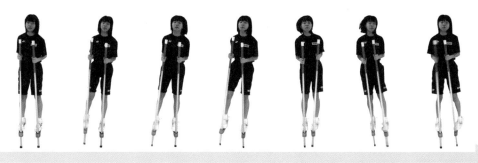

⑥ 片足上げ回し

　竹馬に乗りながら片足を上げて、空中で円を描くようにする動きの技である。片足を上げるとバランスを崩し易くなる。また、中々きれいな円が描けない。
　片足を上げる方向は、前や後ろ、内側、外側、横等に上げる事が出来る。

　難易度として、前上げ回し、内側上げ回しは重心が後ろに掛かり気味となる為難しく、外や横上げ回しと後ろ上げ回しは、重心が前に掛かっているのでやや易しい。

<片足前上げ一回転>

どちらか片足を前に上げて、左回しや右回しをする

<片足横上げ一回転>

どちらか片足を外側の真横に上げて、左回しや右回しをする

<片足内側上げ一回転>

どちらか片足を前の内側に上げて、左回しや右回しをする

<＜片足後ろ上げ一回転＞>

どちらか片足を後ろに上げて、左回しや右回しをする

⑦　一本腰脇後ろ向き抱え乗り（刀差し）

　竹馬に乗り、片手を下にずらして半分よりやや上の部分を持ち、片足を足乗せから外して一本の竹馬を持ち上げながら腰の位置に構えて片足ケンケンを１０回して元に戻すという動きの技である。

　はたから見ると、**武士が刀を差して走っているような姿勢**になる。
　この技の発展が一本竹馬担ぎ乗り（鉄砲担ぎ・兵隊さん・狩人）となる。

　技術的には、中級から上級の間位のレベルの技である。

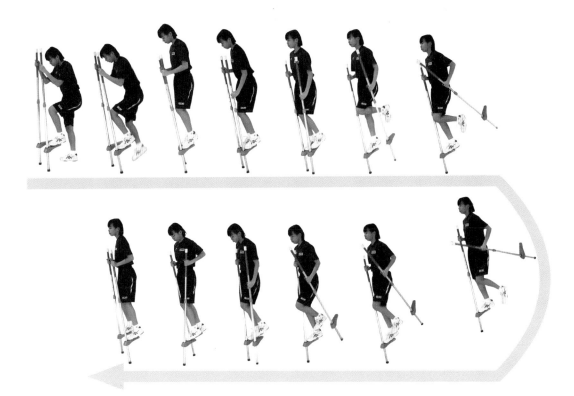

⑧　一本前向き抱え持ち乗り（槍突き）

　竹馬に乗り、片方の持ち方を変えて竹馬を前に持ち上げながら脇の下辺りに抱え、床や地面に対してほぼ平行にする。軸足は片足ケンケンを１０回しながら倒れないようにバランスを取り、竹馬を下ろして手を持ち替え、元の乗り方に戻す動きをするという技である。

　持ち上げた時の竹馬の様子から**「槍突き」**等とも呼ばれている。
　この技は、竹馬進級カードの中にある竹馬一本担ぎ乗り、鉄砲担ぎ、兵隊さん等と呼ばれている動きの前段階ともなる技で、上級者向きである。

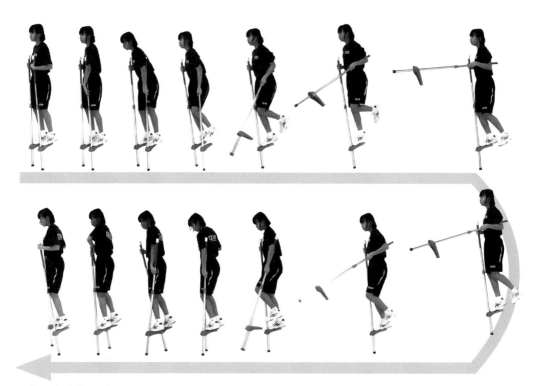

⑨　十字持ち乗り

　二本の竹馬に乗り、片手を持ち替えた一方の竹馬を正面横に上げて、軸になった持っている竹馬の前に重ねて一緒に持つと、十字の形に見えるところから「十字持ち乗り」と名称を付けた動きの技で、左右どちらでも出来る。

　二本から横上げ一本にし、また二本に戻す部分がある為やや難しく、技の難易度としては上級者向きである。見た目は簡単そうに見えるが、竹馬の重さと重ねた時の左右のバランスが微妙に変わるので、瞬時に判断しながら跳躍を調整して乗る事が難しい技である。

　この技は、手を重ねて片手で持つ方法も出来なくはないが、片方で持つ方法は指先で持つ事になるのでかなり難しい。それは、片手で竹馬を持ちながら横になったもう一方の竹馬の重さも加わり、片手の指先で合計竹馬二本を持つ事は子供の手では無理で、大人でもかなり難しいという事なのである。
　十字にする部分は、両手で持つ方法の方が安定して行い易く、それで十分だろう。

　写真例では、持ち手の下に重ねて一瞬両手で十字に持っている。
　また、横上げ前の持ち替え始めは手を下げ、横から下ろして元に戻す際は、一瞬放して持ち替えの方法で行っている。人によって持ち替え等が違い、自分の動き易い方法を利用して行うと良い。（次頁上）

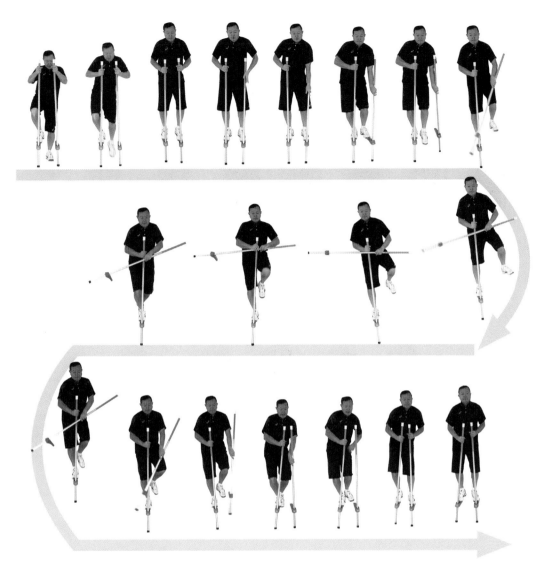

⑩　膝下足先乗せ片脚乗り

　竹馬の片手を持ち替えて片足を中央に外しながら一方の竹馬を前に上げると同時に外側から脚を上げて巻き付けるように膝下に竹馬を入れて、足先の上に竹馬をわずかに乗せる。その姿勢のまま片足ケンケンをしてから竹馬を下ろして足と手を元に戻すという動きの技で、左右どちらの脚でも出来る。（次頁）

　この技の**難しさには、次の二点**がある。

　一つ目は、膝下に入れて足先に竹馬を乗せている間、竹馬の重さでバランスを崩す。
　二つ目は、通常片足で乗っている時は乗せていない足でバランスを取っているが、竹馬を挟んで乗せている為、上げていない軸になっている片足のケンケン動作が拘束や制御されたようになりバランスを崩してしまう、という二点の克服にある。

　この技の関連では、一度外側に外した足を外に上げるチャールストンのように上げた足の横側面に竹馬を乗せるという動きも出来なくはないが、外側から巻き付ける膝下挟みより、一瞬であれば何の抵抗もなく乗せられる。

しかし、外に足を上げたまま竹馬の重さを支えきれなくて1，2秒で足も竹馬も自然に下りてしまうので、技と言うより股関節の筋力がないと維持出来ず、そこに神経を使ってしまうので、技ではなくなってしまう為、紹介のみとする。

　更に、この技の発展として、外側から脚をからませて、竹馬の上部分を脇の下に挟んで手を離して乗る事も出来なくはないが、そうすると、足先に重りを付けたような感覚になり、バランスが一挙に真横か後方に崩れて落下転倒してしまうという危険性を伴う技となってしまうので、紹介のみとする。

（4）　高さや姿勢変化を工夫した乗り方例

①　竹馬しゃがみ立ち乗り

　その場で行う動きで、竹馬に乗っていて手の位置を上下にずらし、しゃがんだり立ったりするという動きの技である。
　この動きは、名人のごみ拾いの練習やミニ竹馬乗りに繋がる技である。

　バランスを保てるように安定したら、この動きに挑戦してみて欲しい。
　この動きには、次の**二種類**がある。
　一つ目は、手の位置を変えずに腰や膝だけ深く曲げて立ち上がる方法。
　二つ目は、手の位置を下げていきながら腰や膝を曲げてから立ち上がる方法。
　当然二つ目の方が難しく、手を下げて深くしゃがんで立つという動作は、かなり難しい。また、どの位置に手を下げたりどう戻したりしたら良いか、どこまでしゃがんでどう立ち上がるかも大切なポイントになる。写真では、二つ目の方法で行っている。（次頁上）

　しゃがむのは集中して手を次第に下げていくが、しゃがんだところで立ち上がりを急いだりすると落下する。姿勢変化による重心移動やバランスが少し崩れただけで、座る時より立ち上がる時の方が難しいのである。
　竹馬に乗らずに、普通に床や地面で踵を上げてしゃがみ立ちをしてみると、ふらふらするが、それを竹馬で行うのだから、不安定である事は容易に理解出来るだろう。

② 竹馬高位置乗り（のっぽ乗り）

　この動きは、竹馬の足乗せ部分を高くして上から見下ろすように乗る乗り方で、**「のっぽ乗り」**等とも言われている動きの技である。

　竹馬がある程度乗れるようになると、誰も足乗せ部分の位置を低くせず、どんどん高くして乗ってみたいと思うのは自然な発想である。最初、その高さから落ちたら等とも考えるが、それも１、２回で忘れるかのように楽しく乗れるようになる。

　実は、竹馬は高さを高くしても技術や技能的には変わらない。もしも高い足乗せにいっぺんに跳び乗るのであれば高度なジャンプ力と技能も必要だが、ほとんどは高い台や高い所から乗る為、重心移動がほぼ同じ位置になるので何ら変わらないのである。

　ただ、この竹馬高位置乗りを行う時には、**二つ注意点**がある。
　一つ目は、竹馬の棒を変えて物干し竿のようなものに足乗せ部分を取り付けて２〜３ｍにして乗る事も出来るが、下りたり、落ちたりした時の足首や膝、腰、肩等の体への衝撃が大きいので行わない方が良い。
　普段乗っている竹馬でもその半分近くで９０㎝〜１ｍ位になり、高く乗る体験は出来るので、その位に止めておきたい。

　二つ目は、小学校だと大休憩等に一斉に多くの子ども達が走り回ったりしており、周りをよく見ていないで人とぶつかる事がある。特に子どもは、視界が狭く自分中心にしか見えていない場合や、鬼ごっこ系等は急に進路変更をするので非常に危ない。

　筆者がかつて勤務していた学校で、大休憩に児童が高くした竹馬に乗っていたところ、下駄箱のある昇降口（玄関）から不意に勢いよく飛び出して来た児童が竹馬にぶつかり、二人とも大怪我をしたのを見た経験がある。責任を含め裁判にもなりかねない事になる。
　高い位置の竹馬に乗るのは楽しいが、怪我をする前に行う場所と乗る約束や決まり、周りの安全確認等を、しっかり指導しておきたい。

③　ミニ竹馬乗り

　通常竹馬は、体に合ったサイズを利用して行う事で体がピンと伸びて姿勢も良くなり、楽に乗れるようになって上達がスムーズになる。

　しかし、ミニ竹馬は竹馬が短い分、当然ながら不自然な体勢で動きが制限される。

　竹馬にある程度乗れるようになると高さへの憧れと、ミニサイズにして乗ったらどうなるかという遊び心も湧く。ミニ竹馬に乗ると、姿勢が猫背になったり中腰の姿勢で乗ったりする事になるので動きが制限され、一歩一歩が非常に重く動く事が難しく感じる。

　更に普通に乗るより、しっかりと竹馬を握っていないと安定した歩行が出来ない。

　スチール製の高さや長さ調節が出来る竹馬の場合は、調節部分を外すと半分の長さになるので、すぐに行う事が出来る。当然乗れるようになってからの遊びの一つとしての動きである。

　写真は、全長８０㎝足乗せ位置高さ２０㎝、手の位置下１０㎝なので５０㎝の短い長さで乗った例である。試してみると、自分の体重がいかに重いか分かるだろう。

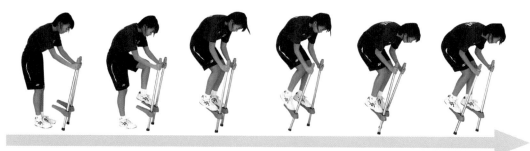

（５）　足乗せ部分を工夫した乗り方例

①　足乗せ先端乗り

　通常竹馬は、足乗せの大きい部分に乗るが、反対に足乗せの先端部分に乗って歩くという動きの技である。

　この場合靴でも乗れない事はないが、滑り易く乗る場所も２、３㎝と狭い為、靴を履いたままだと、非常に乗りにくく歩き続けられなくなる。

　先端乗りの場合は裸足で乗る方が良いが、足乗せ部分がない分不安定でとても乗りにくく、姿勢も安定しない。この事から足乗せは非常に大切な部分である事が分かる。

　この乗り方は、あくまで遊びの一つとしての動きや技の工夫例である。

　　　　　裸足で先端に乗る

②　両足左右高低差乗り

　竹馬の左右足乗せ部分の高さを変え、高低差のある竹馬に乗るという動きの技である。

　竹馬の乗る高さが違うので乗り始めが一番難しく、乗ってしまえば歩くのはそれ程難しくはない。

　乗ってみると、高さの違いでチグハグな動きが意外に心地よい感じがする乗り方である。

　左右どちらに交換しても乗る事が出来る。

　また、乗り始めを上から先に乗る方法と、下から先に乗る方法がある。両方行ってみると最初ですでに乗り易いか、バランスを取りにくいかが分かる。

　足乗せ部分の位置は、左を高く・右を低くと、左を低く・右を高くという２種類の乗り方が出来る。

　左右の足乗せ部分の高さの差は２０㎝位が適当なようである。それ以上差があると重心移動に気持ちがいってしまい、乗ってからの歩くという面白みがなくなるようである。

　写真は低い方から乗っているが、高い方から乗ると難しく乗りにくい感じがする。

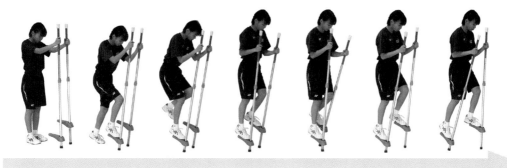

③　両足多重足乗せ上がり下り乗り（竹馬二本）

　スチール製の竹馬の足乗せ部分を２セット（組）利用し、高さと取り付け位置を変えて取り付け、階段を上ったり下りたりするように乗る動きの技で、やや上級者向きである。

　この技は、下の段の足乗せから始め、次に乗る上の高さの足乗せに乗る前にわずかに竹馬を回して足乗せをこちらに向けて乗り、次にもう一方の竹馬の方もわずかに回して足乗せに乗ると、上の段に乗り移った事になるという動きをする。

　下りる場合は、外側に足を外して竹馬を少し回して下の段の足乗せに乗り、もう一方もバランスを取りながら同様に行うと完成である。上下左右どちらからでも出来る。

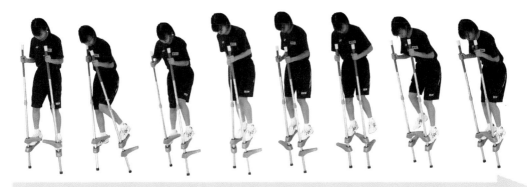

④　片足多重足乗せ上がり下り乗り（竹馬一本）

　竹馬一本に足乗せ部分を２つ入れてわずかに角度を変えて２段にし、片足でケンケンしてバランスを取りながら、低い足乗せから高い足乗せに上がったり、上がった段の足乗せから下の段に下りたりして乗る動きの技である。
　竹馬二本での多重足乗せの応用発展の技である。

　乗り方は、例えば一本に右足を乗せて小刻みに片足でケンケンし、その場で次に左足を上の段の足乗せに乗せて小刻みに片足でケンケンし、下りる時に右足に交換して乗るという動きをする。
　また、その反対でも良い。一本の竹馬は、両手で持って乗った方がはるかに安定する。片手でも出来なくはないが、かなり難しくなる。
　上下の足乗せ部分の間隔は２０㎝位の段差で十分で、下と上の段の足乗せ角度は、５度から１５度位の間で十分である。そうしないと、大きく回転させるように動かさなければならず乗れなくなってしまう。

　この乗り方はあくまでも応用発展例で、一本乗りが出来れば特に難しくはない。
　更に、発展として足を替えず同じ足で下と上にジャンプして上がり下りも出来るが、危険度が増す。足を交換するだけでも十分に楽しめる動きの技である。

⑤　足乗せ左右乗り（竹馬一本）

　一本の竹馬に足乗せ部分を２つ左右平らに付け、田楽の鷺足・高足に近い乗り方をするという動きの技である。左右どちらから乗っても、手を上下替えても乗れる。
　慣れると動かなくても５、６秒その場で静止し続ける事も出来るようになる。
　動きとして、バランスを取ったり、小刻みに軽く跳びはねたりして乗るようになる。
　やや厚めの板等に中央に穴を開けて竹馬に入れれば、正に鷺足や高足に似た形状になる。足乗せを２つ付ける場合は、低い方から乗ると乗り易い。
　また、この技は遊び道具にあるホッピング等（写真右下）にも似ており、竹馬やホッピング、高足や鷺足は形状や乗り方から一つの仲間とも考えられる。

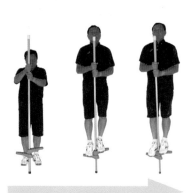

硬質スポンジタイプホッピング　　一般的ホッピング

⑥ 竹馬二段足乗せ重ね乗り（二階建て乗り）

竹馬1セット（組）の足乗せ部分の上に、もう1セット（組）乗せて二階建てにした竹馬に乗る動きの技で、それぞれ片手に竹馬二本を一緒に持つので、しっかり握れず二本の竹馬が回ってしまい、足乗せに乗せている上の竹馬が外れて落下や転倒する危険がある。上級者以上の技で、握力のない人や手の小さい人等は乗る事は難しい。

乗り始めは、床や地面からも乗れるが、乗った瞬間に持っている竹馬同士がわずかでもずれると歩き始められない事が多く、安定して乗るには台等を利用すると良い。

両足を何とか乗せた瞬間、持っている竹馬が手の中でずれてしまい落下する事も多い。乗ってからは、その場で小刻みに足踏みする方がやや安定して乗り易く、歩くと左右にわずかな竹馬の捻れが生じると修正は難しい為、間違いなく落下する。

この技は、上下の竹馬がずれると途中修正はまず難しく「ガクッ」と片足が落とし穴に入ったように抜けて転倒するので、無理にしがみつくように乗らず、怪我をする前にずれ始まったら無理せず落下した方が良い。（写真・落下例1．2）

竹製で細ければ、三段（三重）に乗せても乗れるが、危険性は更に高まる。

この技は、応用技としてこのような乗り方も出来るという例で、無理しなくて良い。

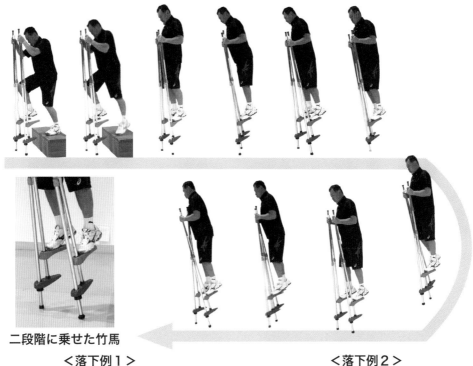

二段階に乗せた竹馬

<落下例1>

<落下例2>

重心を前にして移動する途中ずれて落下

踏み出して止まり歩き出そうとした時に落下

（6）　回転系の工夫した乗り方例

①　片足内側外し・一本竹馬回し（左右３６０度一回転）乗り

　竹馬に乗ってその場で行う動きで、乗りながら片足を内側に外している間に外した側の竹馬を３６０度一回転させて再度足を乗せるという動きをする。
　左足を外して３６０度一回転、続いて、右足を外して３６０度一回転と左右の竹馬を片方ずつ回して乗る動きの技で、左右どちらからも出来る。
　この技は、足を外す寸前に重心のほとんどを外していない側の竹馬に重心移動する動作と、その間に素早く竹馬を回す動作の２つが課題となる動きである。

　簡単そうだが中々難しく、重心移動の不安定さと、手で竹馬を３６０度一回転させる動作でくるりと足を乗せられる位置まで回りきれない状況になり、外した足が乗せられずにバランスを崩して落下する事が多い。
　微妙なバランス保持と重心移動、回転する為にその竹馬にも力と重心もやや残っているところで回転させるという難しさがあり、出来た時は達成感が大きい動きである。

＜右竹馬３６０度一回転乗り＞

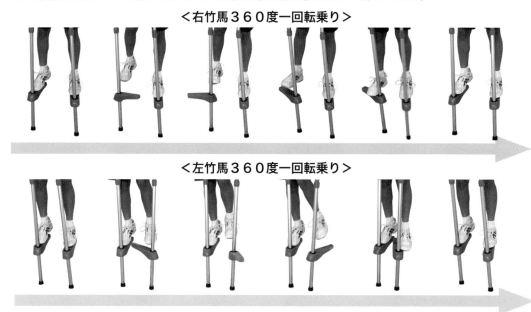

＜左竹馬３６０度一回転乗り＞

②　回れ右・回れ左

　文字通り、竹馬に乗って「回れ、右」や「回れ、左」をする動きの技である。
「回れ、右」の場合、乗ってから右足を左足の斜め後ろに下げて１８０度半回転し、回転後に前にある右足を下げる。
「回れ、左」の場合は、その反対に左足を右足の斜め後ろに下げて１８０度半回転し、回転後に前にある左足を下げる。

　正式な「回れ、右」の動きは上記のように回転後最後に引くが、正式な「回れ、右」ではないが、回った後に前にある足に後ろ足を揃える動きも出来る。「回れ、左」も同様である。
　遊びという点では固い事を言わず、どちらも行って出来るようにしておけば良いだろう。
　難易度は、どちらもやってみると分かるが全く変わらない。

　方向転換を竹馬で行う場合、「左向け、左」や「右向け、右」等は簡単に出来る為、難易度としてやりがいのある技は、「回れ右」や「回れ左」である。
　方向を変える動きでは両足を一度に跳び上がりながら半回転する事も出来るが、「回れ右」「回れ左」は一番安全に回転に結び付けられる動きで、出来ると楽しい技である。前や後ろに乗れていれば、難なくすぐに出来る技である。同時ジャンプは③で説明する。

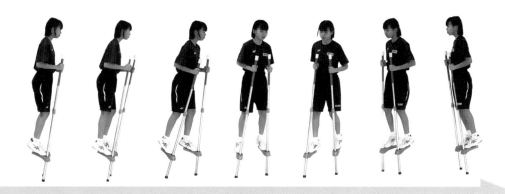

「 回　れ　右 」

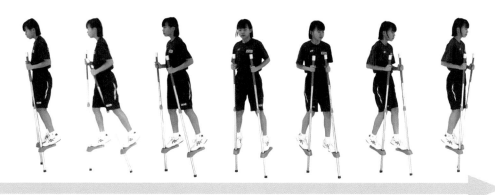

「 回　れ　左 」

③　同時跳躍（ジャンプ）その場１８０度半回転（左・右）

　竹馬に乗って、前から後ろへ、後ろから前に１８０度半回転する動きの技である。
　竹馬に乗らないで行うより、決断力や度胸が試されるような技である。左回りに半回転と右回り半回転が出来る。（写真次頁上）また前からと後ろからの１８０度半回転も出来る。

　この技は、１８０度半回転する前に、小刻みに両足でその場ジャンプを何回か行って、タイミングを図って半回転に入る方法と、その場足踏みを小刻みにしておき、タイミングを図って足踏みを止め、ほんのわずかな沈み込みから一気に半回転に入る方法がある。人によってやり易い方法で行うと良い。最初は、４５度から９０度位までの角度で回転の練習をして、徐々に回転角度を増やすようにすると良い。

　発展として竹馬二本同時跳躍（ジャンプ）３６０度一回転（左・右）も出来なくはないが、そもそも竹馬に乗らなくても３６０度一回転を床や地面で行うとバランスを崩したり、体と足が捻れが残ったような着地になったりする事が多いので、竹馬に乗って行えば、当然ながら半回転以上に難しくなり失敗での危険性が高まる。
　一回転はあくまでも例として、１８０度半回転で十分である。半回転は、特に危険性もなく安全に少しの練習ですぐに出来る技である。

　写真（次頁）は、右からの１８０度半回転を２回連続して一回転３６０度になる動きである。人によって左右好きな方向や回り方がある事が多いが、左右どちらも出来るようにしておくと良い。

＜右への両足ジャンプ180度半回転（2回連続）＞

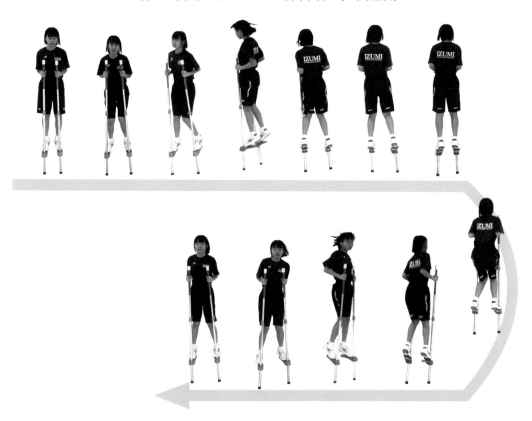

（7） 抱えたり、放したり、持ち替えたりする乗り方の工夫例

① 竹馬を正面で抱えて乗る

竹馬を持つ手を放しながら、体正面に竹馬を接するように預けたり、腕を曲げて肘近くで抱えるように乗る動きの技で、いわゆる**「だっこちゃん乗り」**である。

この乗り方は、実はパラスポーツ竹馬の分野として竹馬に乗りたいが、手首から先に片方または両手等に障害があったり、手首から先が欠損している場合に乗る事は出来ないかを考えた時に行った動きの技である。

もちろん、義手や手首近くを竹馬と固定して乗る事も出来るが、そうすると技が失敗したり、バランスを崩して落ちたり倒れたりした時に腕を捻ったり、竹馬が放れず不自然で危険な転倒を招く恐れがあり、固定なしで抱える動作をした方が良いと考えられる。

抱えて乗る方法には、次の**3種類の形**がある。

```
1  手首辺りで押さえるように乗る方法
2  腕全体で抱えるように乗る方法
3  腕を上下に放しながら押さえるように乗る方法
```

具体的に3種類の動きを写真で見てみよう。（次頁）

ア　竹馬を左片手で抱えて乗る（左抱え乗り）

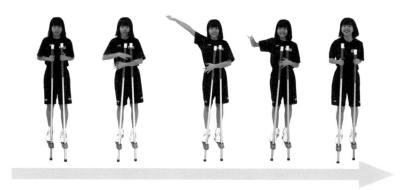

イ　竹馬を右片手で抱えて乗る（右抱え乗り）

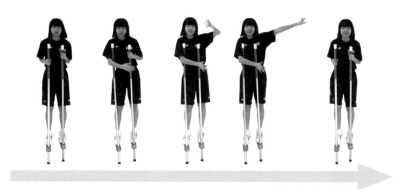

ウ　竹馬を両手で抱えて乗る（両手抱え乗り）

両手で抱えて乗るには、次の**二種類の方法**がある。
一つ目は、持っている場所から片方ずつ体の内側横に手と腕を出すように抱える方法。
二つ目は、一度両手を下げて竹馬を手から肘で寄せて竹馬を外に逃がさないように固定するようにしてから手を上にして両手で抱える方法である。
　アとイの片手抱えの場合は、一つ目の体の内側横から手と腕を出す方法で行っている。
　この技の場合は、写真（下）では、二つ目の方法で行っている。
　ほとんど難易度に差はないので、どちらの方法で行っても良い。

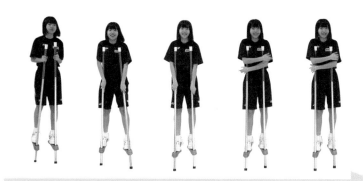

② 竹馬の手を放して乗る

　手を放すという乗り方は、進級カード内の持ち替え交差乗り歩きや、その場での竹叩き・竹摺り、ごみ・物拾いの技等とも関連している。
　乗りながらバランスを取り、安定して乗るという事を身に付ける為にも良い。
　手放し関係の技は、手を放した瞬間に危ないと感じる瞬間があり、それを自分で判断出来る上級者以上の技であるので、未熟な状態では行わないよう注意したい。

　普通に乗りながら小刻みに足踏みをして、安定して乗っている事を感じながらタイミングを図って手を放すという技である。

　放し方と練習段階は、次のようにすると良い。

1　まずどちらか片方を一瞬5〜10cm位放して乗る。それが出来たら反対側も行い、腕を次第に伸ばす。
2　手や腕で持たず、体をやや前傾させ竹馬を胸や肩近くに接して乗る。
3　片方ずつ放せたら、最後には両方同時に一瞬放して乗る事に挑戦する。
4　両手を放して手を肩より上に開いてから持って元に戻って乗る。

　手を放す乗り方では、乗っている竹馬の幅を肩幅より狭くして実施すると良い。
　上手く出来ると次第に2、3秒位手を放したまま乗る事が出来るようになる。
　また、手放しは体をピンと伸ばしたままバランスを崩すと、立て直したりすぐに竹馬を持つ準備が出来ない分バランスをわずかに崩した方向に一気に倒れてしまう。
　体を伸ばして手を放すまでまだ十分でない時は、やや膝を曲げ気味にして重心を落として手を放すと倒れたり落ちてもほとんど怪我をしないので、その方法でも良い。
　手を放して転倒しそうで危ないと感じたら、すぐに竹馬を持てるように放した部分のすぐそばに準備しておくようにすると、次第にどの位放して乗れば良いか体感的に掴めるようになる。
　この技は、無理に全員が体験したり出来なくてはならない種目の技ではない。
　あくまでも安定するとこんな事も出来るようになる、という紹介である。

ア　右手横放し乗り

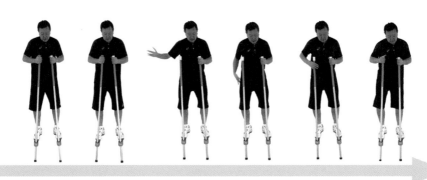

イ　左手横放し乗り

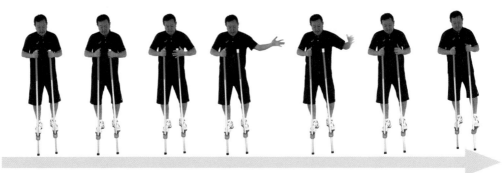

ウ　両手横放し乗り

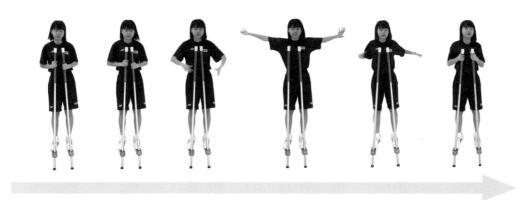

エ　片手上放し乗り

　この動きは、左手と右手を上げる２種類がある。

　手を上げる前に、止まるタイミングと、手を放すタイミングを図りながら行う必要がある動きの技で、横に放すよりやや難しく上級者以上向きである。

<＜左手上げ乗り＞>

<＜右手上げ乗り＞>

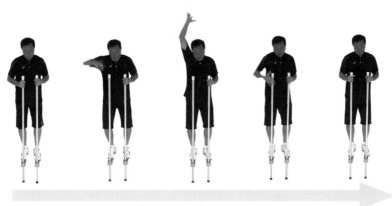

オ　両手上放し（万歳）乗り

手は、横に放すより上に放す方が難しい。

更に、片手上げに比べて両手を上げるとわずかに胸が反り重心がふらつくので、すぐに竹馬が外に倒れる事が多い。片手上げ放しより放す時間が短くなり、難しさが増す動きの技となる。

カ　片手上げ放し・肘曲げ乗り（左・右敬礼）

手を放す動作を利用した技で、別名**「敬礼」**とも言われている。明治以降あたりからと考えられるが、かなり昔から親しまれている技で、上部を持って行う方法と持ち手をクロスして行う方法、足をクロスして行う方法と、**敬礼の仕方には次の三種類**がある。

一つ目は、竹馬に乗りながら竹馬と竹馬の間を近付けて、普段持っている手の位置を二本の竹馬の上部に移して一瞬片手の手の平で持ち、その間に手を上や斜めに上げたり、敬礼をしたりしてから手を戻して竹馬を持つという方法。

二つ目は、竹馬の持つ両方の手を体の正面で交差・クロスさせて片手を放して、その間に手を斜め上や敬礼をするという方法がある。この場合は、左右どちらを交差させても同じ動きが出来る。

三つ目は、竹馬の足を交差して片手を放して行う方法で、足も左右どちらを前後に交差させても出来る。

バランスを保つという、上級者の動きの一つであるが危険はなく、すぐ出来る楽しい動きである。写真下では分かるように連続写真を区切っているが連続して手の動きを行う。写真の区切り毎のように、段階的に練習する事も出来る。

①　竹馬の上部を横からまとめて持ち、片手を放して行う方法

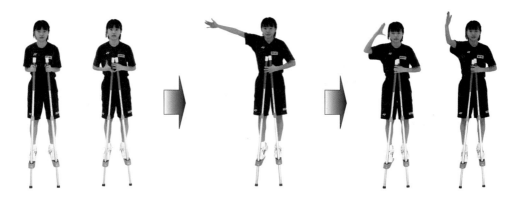

竹馬の上を寄せ、片手で持つ　　　　手を斜め上に上げる　　　　「敬礼」をする

②　竹馬の上部を交差して片手を放して行う方法

　竹馬を交差（クロス）して手を放すと、竹馬同士がくっつくように押されて手を放していても、少しの間余裕が出来て動く事が可能になる。
　それを利用して、手を放して自由な方向に動かすのである。

　写真では、交差した下の手を放しているが、上の手を放しても同じように出来るので、二種類が出来るが、交差した上の手を放す方は難しい。

　①の上を持って片手を放す方法と、②の交差させて片手を放す敬礼の方法を、是非両方試してみて欲しい。

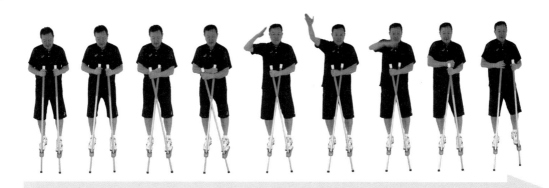

③　足を前後に交差させて、片手を放して行う方法

　②の手を交差（クロス）するのとは反対に、足を交差させて片手を放して行う方法である。

　足も手も、左右どちらを前や後ろに交差しても出来、難易度は変わらない。中級から上級程度の技である。

　放す側の手は、交差した上の手は竹馬を持ち下の手を放して行うと、竹馬が二本まとめて上から押さえられるので安定し失敗が少なく、交差した上の手を放して行う方法（写真下）でも出来るが、難しくなる。手も足も、左右どちらで交差してもどちらの手を放して行っても良い。

キ　片手横放し、異方向片足外側外し同時乗り

ここからは、手も足も放すという更に複合的な難しい動きの技を紹介する。

どちらかの手を横に放すと同時に、もう一方の反対側の足も外に外すという、対角線にある手と足を同時に放して、外すという乗り方である。

これには、左手を横に放し右足を外に外す乗り方と、右手を横に放し左足を外に外す乗り方の２種類がある。

写真は、右手を横に放すと同時に左足を外側に外した場合の対角線の放し外しの乗り方例である。

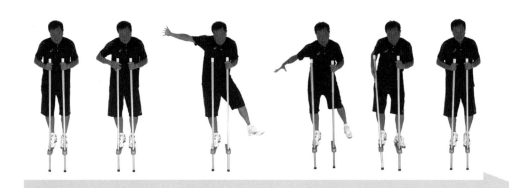

ク　片手横放し、同方向片足外側外し同時乗り

片手を横に放すと同時に、同方向の足を外側に外して乗る動きの技である。
左手横放し左足外側外しと、右手横放し右足外側外しの二種類がある。

同方向は手と足を横と外に同時に放すようになる為、放した竹馬はそのままだと外側に倒れがちになる。
その為、放す前に放す側の竹馬をやや内側に少し寄せるか、倒すようにしてから手と足を放したり外したりすると良い。

写真は、左手を横に放すと同時に左足を外側に外して乗った例である。

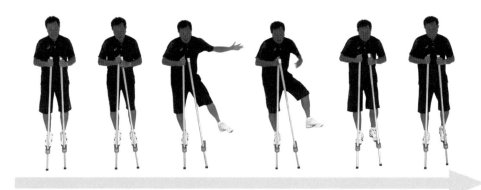

ケ　片手上あげ放し、異方向片手横放し同時乗り

どちらかの片手を上に上げ、同時にもう一方の片手を横に出して乗る、という動きの技である。
左上で右横に出す動きと、右上で左横に出す動きの二種類がある。

上げたり出したりする方向が別のため、重心をどこに置いて乗ったら良いかを体得するには、
壁等に寄り掛かって練習してから行うと良い。

写真は、右手を上に上げると同時に左手は横に放して出す動きをした例である。

コ　竹馬一本両手横放し、片足同時乗り

竹馬一本を両手持ち片足乗りをしながら、一瞬両手を放して乗る動きの技である。
両手放し、左片足同時乗りと両手放し、右片足同時乗りの２種類があり、上級者以上の難し
い技である。例えとして**「かかし乗り」**とも言える技である。

この技を行うには、乗ってから重心が安定したらすぐに行う方法と、乗ってケンケンしなが
ら次第に動きを止めて、重心を安定させてから行う方法の二種類がある。
どちらでも良いが、乗ってからあまり時間をおかずに行った方が成功し易い。

写真は、両手放し右片足同時乗り例で、確かに一見すると田んぼのかかしやグリコのポーズ
のようにも見えなくもない。

これらの紹介例を、上に片手、反対片手、両手上げ、横放し、外側足外し等と、次々に出したり、
戻したり、外したりを連続する事も出来るが、よく考えて行わないと続けられない。そこまで
しなくても、一つひとつが出来るだけでも十分に楽しめる、上級者以上の技である。

サ　拍手乗りと、放した手の変化（例9種類）

　竹馬に乗っていて両手を放し、空中で拍手を1回してからもう一度竹馬を持ち直すという動きの技で、上級者向きの技である。（写真下）

　万歳したように手や腕を上げて拍手する事も出来るが、胸の前や顔の近く辺りで行う位で良い。拍手は1回だが、慣れると2、3回等と回数を増やして行う事も出来るが、1回で十分である。

　最初は手を放すのが怖いが、少しずつ握りを緩めて、竹馬を腕で抱えるようにして放すと拍手は難しくなく出来る。
　それを繰り返しながら次第に慣れてきたら「パッ」と放して拍手が出来るように練習していくと良い。
　また、竹馬二本で拍手が出来たら一本で拍手をするよう発展させる事も出来る。

　拍手する場所は、二本で行う場合、竹馬を持っている手のすぐ前で行うのと、竹馬の一番上より高い位置で行うのは易しく、体と竹馬との間では更に難しくほとんど出来ない。

　拍手に慣れて少し余裕が出来たら、手を放して○や×等自分の好きな形を手と指で作ったりする等の応用発展も可能である。（次頁写真上）
　一本乗りの場合は、不安定で竹馬が体に当たったり、竹馬ごと転倒もある為、手を放して竹馬を持つ手の前でも竹馬の上で拍手を行っても、竹馬二本で行う拍手より相当に難しくなる。安全性の面からも、竹馬二本で拍手1回で十分である。

＜竹馬二本での拍手＞

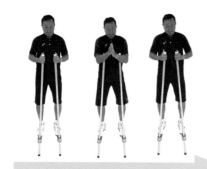 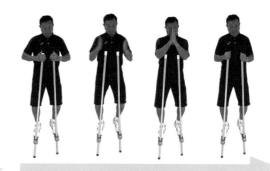

竹馬を持つ手の前で　　　　　　　　竹馬の上で

　体と竹馬の間で左右の竹馬との中間での拍手も考えられるが、バランスが取れず、竹馬が両外側に放れて両足も外に開くように足乗せから外れるように倒れて転倒してしまう。危険なので、前か上で拍手を行った方が良い。

＜竹馬一本での拍手＞

＜手の形の応用例＞

○ や♡を作る　　　　　　　× を作る　　　　　　ピース・Vサインに

パーとグーに　　　　　お釈迦様のように　　　　パーにする・手を振る

　これ以外にも様々な手の形を工夫する事が出来るので、余裕があれば試してみると良い。

③　持ち手左右交互持ち替え交差連続・戻し乗り

　乗ってから竹馬を交差して、左右の手を交差してから持っている手を交換して上下の手だけ持ち替えた交差をする。そこから、もう一度元の持ち方に戻すという動きを連続させて行う動きの技である。
　全ての動作は静止状態で行う集中力とバランス保持力が必要な動きの技である。

　この技は進級カード６級の交差乗りに似ているが、それを発展させたものである。６級は、交差乗りの始めに竹馬はそのままで手を入れ替えて乗り、歩いた後に最後に交差した手を元に戻す。
　しかし、この技は一度交差して、交差したまま手だけを入れ替える。そこでもう一度手を入れ替えて元に戻すので、６級の手の動作とは全く違う動きの乗り方である。

　この動きは、次のように行う。（写真次頁）

> 1　手を近付けて、左手上の交差に入る。
> 2　交差したところで、上下の手を持ち替える。
> 3　上下の手を持ち替えが終わったところで一度開くと交差になる。
> 4　もう一度両手を近付けて、上下の手を持ち替える。
> 5　持ち替えが終わったところで元に戻すと普通の平行に乗る状態になる。

　写真例と反対に右上でも交差に入れる。左上と右上の交差持ち替えの二種類の行い方が出来る。

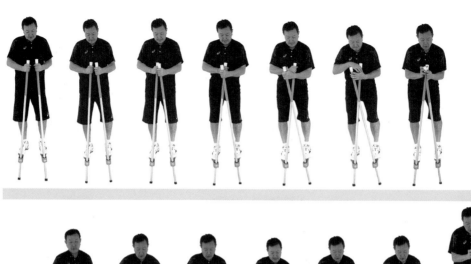

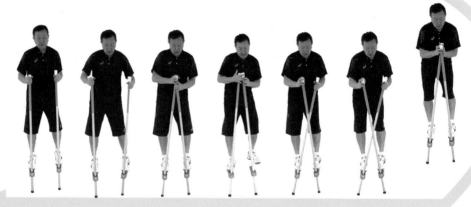

④　竹馬一本乗りでの手の持ち替えと足の交換乗り

　竹馬進級カード５級にある竹馬一本乗りの項では、８種類の基本的な乗り方を紹介した。その手の上下入れ替えと左右持ち替え、足の左右入れ替えを同時に行ったり変化させたりする上級者向きの応用技である。

　その**乗り方や行い方には、次の７種類**がある。

＜竹馬一本乗りの手の持ち替えと足の左右入れ替えのバリエーション技＞

1	竹馬一本両手持ち（左手上右手下持ち～右手上左手下交換、またはその反対の手の上下入れ替え）左足乗せ乗り
2	竹馬一本両手持ち（左手上右手下持ち～右手上左手下交換、またはその反対の手の上下入れ替え）右足乗せ乗り
3	竹馬一本両手持ち（右手上左手下持ち）左足乗せから右足乗せ交換乗り
4	竹馬一本両手持ち（左手上右手下持ち）右足乗せから左足乗せ交換乗り
5	竹馬一本片手持ち左片手・左足乗せ乗り～右片手・右足乗せ交換乗り または、右片手・右足乗せ乗り～左片手・左足乗せ交換乗り（同方向）
6	竹馬一本片手持ち右片手・左足乗せ乗り～左片手・右足乗せ交換乗り または、左片手・右足乗せ乗り～右片手・左足乗せ交換乗り（異方向）
7	竹馬一本両手持ち、持ち手上下入れ替え同時左右足乗せ交換乗り

ア　両手持ちの上下入れ替え持ち替えの様子

　左右の手をずらしながら、上下を入れ替えるように行う。一度に上下を入れ替えようとすると、持っている竹馬の跳躍と共に竹馬が左右にぶれてしまい不安定になりバランスを崩すので、下の手は完全には放さずずらすようにし、上の手は竹馬と手をさするように下ろしながら移動交換すると良い。前頁の表内バリエーション技の１と２である。

　写真は、左手上右手下の両手持ちから右手上、左手下に持ち替え例の交換部分を拡大したものである。

＜交換部分の拡大＞

乗りながら左右の手の上下を徐々に入れ替える（左手上から右手上へ）

＜竹馬一本両手持ち、持ち手上下入れ替え乗り＞

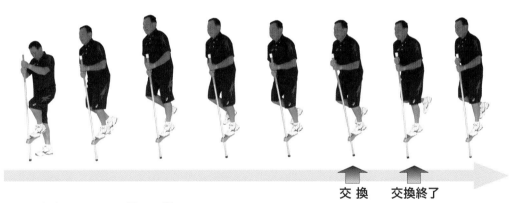

交　換　　　交換終了

イ　左右の足の入れ替えの様子

　左右どちらかの片足で乗りながら、跳躍して着地した瞬間に左右の足を少し空中に浮かせてジャンプし、左右の足を入れ替えて乗るという動きの技である。

　もう一つ、完全に止めてから、左右の足を足乗せに前後ずらしながら乗る方法もあるが、乗っている方も見ている方も交換のスムーズさに欠けた動きとなるので、竹馬が着地前に軽く交換したい足を下げ、着地と同時に左右の足を軽く浮かせながらわずかにジャンプして入れ替えを行い、足乗せに乗せると良い。

　思い切りジャンプして跳び上がると足乗せに乗り損ねたりして滑ったように捻れて転倒するので、無理に高く跳び上がる必要はなく、テンポやタイミング良く１０cm位軽くジャンプして入れ替える位で丁度良い。

　写真は、両手持ちで右片足から左片足に交換入れ替えした部分を拡大した例である。

（次頁写真）

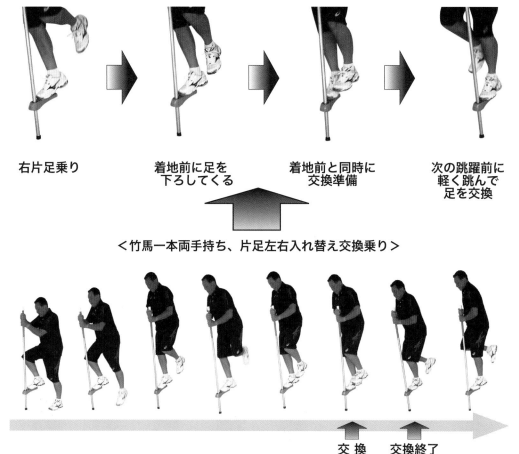

＜右片足から左片足に入れ替えた部分の拡大＞

右片足乗り → 着地前に足を下ろしてくる → 着地前と同時に交換準備 → 次の跳躍前に軽く跳んで足を交換

＜竹馬一本両手持ち、片足左右入れ替え交換乗り＞

交換　交換終了

　写真（上）は、バリエーション３の技で、竹馬一本両手持ち右手上で、右足から左足への交換乗り例である。

ウ　片手持ちの左右の手交換持ち替えの様子

　いずれかの片手から、反対側片手に交換して持ち替えて乗り続ける動きでは、片手の交換の場合一気に行うと交換時に竹馬が倒れてしまうので、跳躍が終わって着地した一瞬止まった時に、左右の手の上下を交換するようにした方が良い。

　交換の際に両手で握ってしまうと両手握りを入れての交換になってしまい、それでは正確な片手から片手にはならない。神経を集中し、ほんの一瞬で「すっ」と左右の手を止めずに持ち替えするのがスムースで正しい動きである。

　また、手だけ交換する、次に足だけ交換するというようにすると、これも正確な同時交換にはならない。練習時の最初は、手が先にまたは足を先に交換していきながら、次第に慣れたらほぼずれがない流れるような手の上下と足の左右交換が同時に出来るようになれば完成である。
　片手交換の場合、交換する手は交換前の手より下で交換する方法と、交換前の手より上で交換する方法があり、難易度にほぼ差はなくどちらでも良い。

　左右の片手の交換は、体の中心近くで出来るだけ大きくずれないように３〜５cm以内に押さえて、着地前に交換する手をすぐ近くに寄せて脇の下を締めながら交換の準備をしないと交換が間に合わなくなり、左右にぶれて倒れてしまうので注意したい。

写真下は、右片手から左片手へ交換前のわずかに上で交換した場合の例で、更に持ち替え交換部分を拡大して分かりやすく示している。

両方向の手の交換が分かるよう下の技連続写真例では交換は、拡大写真とは反対に左から右に手と足を交換している。

＜交換部分の拡大＞

右片手から左片手に持ち替える

＜竹馬一本片手持ち左右持ち替え、同時片足左右交換乗り＞

上の写真はバリエーション技７で、片手持ち片足乗り交換の最も難しい技である。

⑤　竹馬左右持ち替え移動、左右足乗せ入れ替え乗り

簡単に言うと、乗りながら左右の持っている竹馬を交換して片方の竹馬を移動させ、左右片足を乗り替えるという動きの技で、片方の竹馬の左移動と右移動の２種類がある。（次頁）

この技は、次のような順序で行う。

1　まず二本の竹馬を近付けて持ち手部分を交差し、左右の竹馬を持ち替える。
2　その時にほぼ同時に左足は竹馬から離して右片足だけ竹馬に乗せておき、片足乗りになる。（左手持ち、右足片足乗り）
3　交差交換して右手で持った竹馬を左側から右側に動かす。
4　小さく右横にジャンプしながら右足を左の竹馬から右に跳び移る、同時に外していた左足を下げて左の竹馬の上に横移動するように小さくジャンプして乗せる。

- -

もう一つの方法は、３まで同じで次の４と５のようになるが上の方法より難しい。
4　離していた左足を、片足乗りになっている右足の後ろに置く。
5　最後に右手で持っている竹馬に左の竹馬から右足を移動させて乗せると完成となる。

写真例（下）では、左から右に片方の竹馬を移動させながら乗り替えているが、この反対に片方の竹馬を右から左に移動させながら乗り替える、という２種類の動きが出来る。

　説明では、簡単そうだが非常に難しい技である。手の交換に、竹馬の左右移動足放し、横へのスライドジャンプか、重ね移動乗り、そしてわずかに斜めになる竹馬と体のコントロールをするといった難しさがある。

　上級者でもしっかりシミュレーションを繰り返して、挑戦しながら一つひとつの動きの微妙なバランスや移動の位置、タイミング等を感じ取りながら成功させるしかない。

　この技は、交換に入った時の一瞬にほぼ静止状態で行うか、片足になった時にケンケンを入れながら最後に止めて乗り替えるかの、上記の２種類の行い方が出来る。どちらが行い易いかは、人それぞれである。

　乗りながらの移動と持ち替えのこの技は、これまで行って来た基本的な動きがほとんど入っており、一人で乗りながら竹馬の交換を行う竹馬乗り完成と言うべき動きの技である。

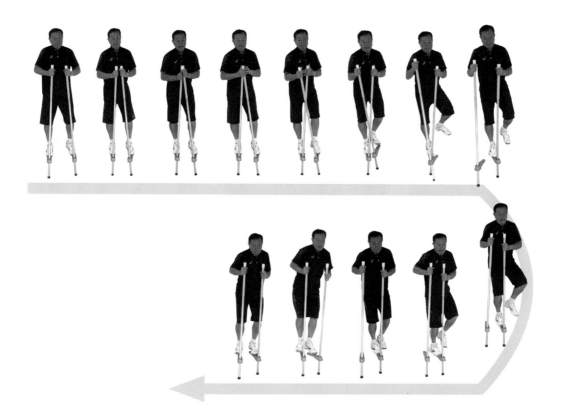

⑥ 竹馬拾い上げ乗り移り

　竹馬に乗り、下に置いてある別の竹馬を片方ずつ拾い上げ、自分の竹馬から別の竹馬に乗り移る動きの技である。究極のバランス感覚が必要で座って立つだけでなくそこにもう一本分の竹馬の重さも加わり、しばらくの時間手を放して体に竹馬を抱えるようにしながら乗り続け、更にわずかに片足で乗っている時間もあり、最後に乗り替えるという動きをする。複合的な動きの連続で出来ている技であり、これが非常に大変である。

　物拾いでは小さい物を一回だけだが、この乗り移りでは、竹馬という大きく長く重い道具を持ち上げ、それを乗り替えた所で竹馬を放して倒す。これを二回行い、左右どちらにも乗り替える必要があり、どの動きも気が抜けず難しさは半端ではない。

　竹馬は片方ずつ持ち上げて乗り替える方法として、大きくは**二種類の方法**がある。
　一つ目は、常に得意な同方向から持ち上げて乗り移る方法。この場合は、持ち上げてから竹馬と竹馬の間を近付けてほんのわずかな動作で乗り移り、一方の竹馬を放す。
　写真では、右側で持ち上げて右の竹馬を先に乗り移る方法で紹介しているが、この場合には、二回目に持ち上げてから右から左に持ち替えて乗り移る事になる。
　二つ目は、左右二つの形で屈んでそれぞれ左（右）で持ち上げ、左や（右）で乗り移る方法がある。
　どちらの方法でも良いが、左右で行う方法は二つの屈んだ姿勢が出来なければならず、難しさが増す。物拾いでの得意な方向で持ち上げてから左右で乗り替えても良い。

右手を放す↓　　　　　　　　　　　**右脇で抱える↓**　　**↓左手を放し抱える**

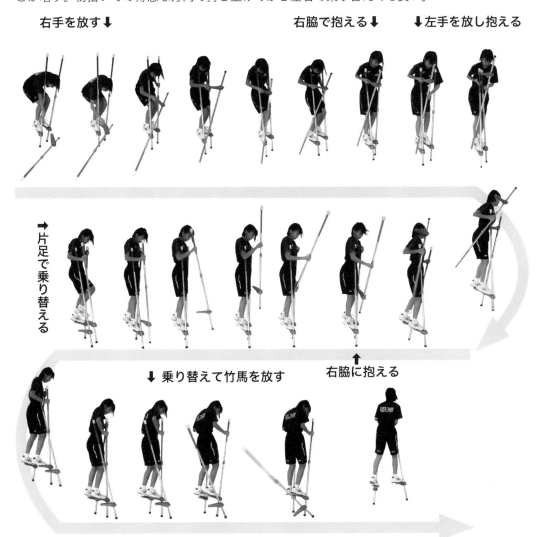

➡片足で乗り替える

↓ 乗り替えて竹馬を放す　　**右脇に抱える**

（8）　方向変換する連続した乗り方の工夫例

　前後・左右・正面・背面等の両極端の動きの連続変換が、竹馬の乗り方の最終段階となる。
　進級カード内で行った単技を利用し、重心の掛け方や持ち方、足乗せの向きや形等が正反対となる連続する乗り方の代表例を、次に２つ紹介する。連続する技は上級者向きであるが、他にも幾つか考えられるので、出来る人はこの例を参考に行ってみて欲しい。

①　内側・外側向け方向変換連続乗り

　進級カード内にある、内側向け乗りと外側向け乗りの単技を連続して乗り替える、という動きの連続技である。上級者向きであるが、方向を変換させるという技としてはやや易しい連続技である。この内側・外側向け方向変換連続乗りは内側・外側のどちらからでも出来、難易度は同じである。実は、内外を同時ジャンプしながら竹馬を１８０度半回転させても乗れなくもないが、乗り損ねて落下転倒し足首を捻ったり、竹馬の先端を顎や胸、顔等にぶつけたりして危険な為、ジャンプせず片方ずつ回して乗った方が良い。
　ジャンプしないで行う場合の連続技の行い方には、次の**二種類**がある。

　一つ目は、片方ずつ竹馬を１８０度半回転させながら同時に片足ずつ足乗せから足を離さず、なめるように外側にずらしてに乗り替える方法で、内側から外側に徐々に重心を変える乗り替え方である。

　二つ目は、片方ずつ内側から外側に竹馬を回す際に、同時に足乗せから足を内側外しか、外側外しをして、竹馬が１８０度半回転したところで外した足を乗せるという方法である。パッと足を外すと同時に竹馬を１８０度半回転させるという、時間的に短い動きで行う乗り替え方である。

　どちらの方法でも難易度はほとんど差はなく、慣れると二つ目の足を外してくるりと竹馬を１８０度半回転して乗り替える方法がスムーズに感じるだろう。
　もちろん、発展・関連技として正面→内側乗り→外側乗りも出来るが、内外という正反対の動きを連続するという動きで十分である。

　写真例アは、外側から左足の内側からのずらしと右足の外外しで外側回しを併用した乗り方で、イは、左右外外し回転乗りである。どのように乗り替えても良い。

ア　外側向け乗りから内側向け乗りへの方向変換連続乗り

イ　内側向け乗りから外側向け乗りへの方向変換連続乗り

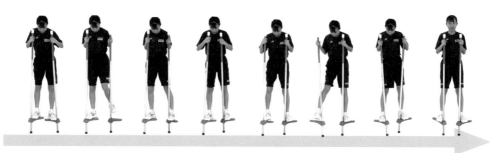

ウ　外側内側交互向き・反対外側内側交互向き方向変換連続乗り

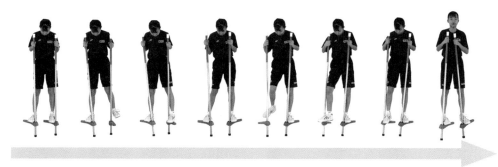

②　正面（前面）・背面方向変換連続乗り

　通常の正面（前面）乗りから、どちらか片手を持ち替えて背面に乗り、続いて反対側も持ち替えて背面に変換して乗り替える、という動きの最上級者向きの技である。（次頁）
　この技の行い方には、おおよそ次の**五種類**がある。

　一つ目は、背面に乗る前に最初に左右両手を持ち替え、次に片足ずつ回しながら足をずらし回しを合わせながら乗り替えるという方法。これが一番スムーズでやや易しい方法である。

　二つ目は、まず左右の足だけを竹馬を左右ずらしながら正面から内側を通して、背面にする。左右の足が背面になったところで、手を左右それぞれ持ち替えて、背面にするという方法。一つ目の方法に似ておりやや易しいが、手の持ち替え時に失敗が多い。

　三つ目は、片手と片足を正面乗り→内側乗り→背面乗りと段階的に変化させながら乗るという方法である。正面からそれぞれ片手ずつ持ち替えて、片側ずつずらしながら内側向け乗りを通して完全に内側乗りになってから、次に反対側を持ち替えて背面に乗り替えるという方法である。重心や体勢が段階的に変わるので、乗り替えがやや安定する方法である。

　四つ目は、片方は、一気に背面にして乗り、もう一方はずらしをして手を持ち替えるという方法。これは、両方向の足を一気に足を離して乗り替えるのではなく、片方は一気に背面に出来るので、もう一方は手を持ち替えながら足乗せから足を離さずに足と手を連動させながら爪先から踵を軸としながら内側から前に向けて手と足を同時に回す、いわゆる「ずらし回し」をするように背面にするという方法である。

　五つ目は、正面から背面にそれぞれ片手ずつ一気に背面に持ち替えてそれぞれの足も乗り替える方法である。しかし、この方法は理論的には左右同じ動きで行う訳だが、始めの一方は正面から片方を背面にするとその時点で重心が踵方向になり、続いて爪先重心のもう一方を回す重心をどこに置いて手を持ち替えて背面にするが非常に難しくなる方法でもある。そこで、最初に背面にした時の踵重心を土踏まず辺りまでずらしてやや体を後傾から立ち上がるようにして背面にする重心移動が必要となる。
　五種類ではこの方法は中間の内側乗りを通す動きがない為、変換のスピードやダイナミックさを感じるが、一番難しい方法でもある。

　この五つの動きの反対技に、背面乗りに乗っておき、正面に乗り替えるという動きの技も出来る。難易度としては、正面から背面の乗り替えの方がやや難しく感じる。
　更に難しくなるが、発展として前面から背面へ乗り替え、そして背面から正面に戻すという連続して動く技も出来る。

　上級者は、是非上記の五つの方法を試してみて欲しい。どの方法が自分に合っているか、どれが行い易いかがよく分かるはずである。

では、次に正面（前面）・背面方向変換連続乗りの五種類の中から、三種類を紹介する。

ア　左右の手を持ち替えてから、足をずらして正面から背面に乗る方法

正面（前面）・背面方向変換連続乗りの行い方では、やや易しい方法である。

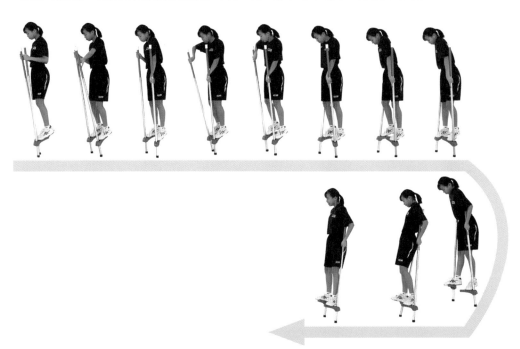

イ　片足ずつずらして背面にしてから、手を持ち替えて背面に乗る方法

竹馬の持っている手をわずかに緩めながら片足ずつ足を内側からずらして背面にして、最後に片手ずつ持ち替えるという方法。最後の持ち替え時が難しい。

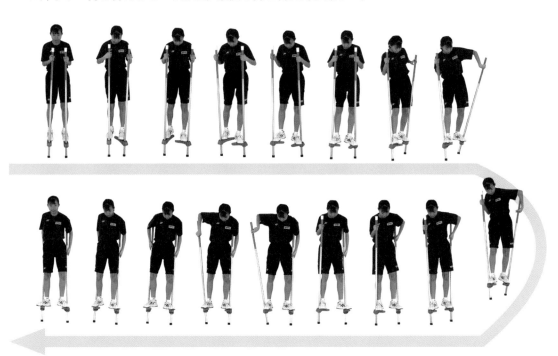

ウ　片手片足ずつ替えて、正面から背面に乗り替える方法

　正面（前面）・背面方向変換連続乗りの五つ目の方法で、一番難しい方法である。

　最初に行う一方の正面から背面へは何とか変換出来るが、もう一方を変換するところが難しい。

　理由は、すでに一方は踵重心になっており、もう一方を持ち替える時にどうしても重心が安定しないので失敗しやすいという事にある。

　変換は、スムーズで即座に行えるようにしたい。

　また、最初に変換した方にやや重心を移しながら行った方が成功し易いようである。

（9）　他の道具と組み合せて行う竹馬の乗り方の工夫例

①　開脚乗り（バランスボール越え）

　通常竹馬に乗って歩く時は、ほぼ肩幅以内の幅で歩くが、この動きはバランスボール等大きいボールを竹馬で大きく開脚歩きをしながら越えるという動きである。

　だいたい、大人用のバランスボール・ジムボール８０㎝位までは通れるようである。
危ない動きではないのでやってみると良い。中級程度の技術があれば越して歩ける。

　実は、竹馬初歩時は歩き出すとどんどん足を開いて歩いてしまう事がある。
　それをヒントに、ある程度基本の乗り方が出来るようになったら逆に足をやや開いてもきちんと乗れる、という動きを試して出来た動きの技である。

②　バランスボール座り立ち

　この動きは、①のバランスボール開脚越えをしている中で、その途中に竹馬に乗ったまま、座って立てるだろうか、と試してみた動きから発見した動きの技である。
　バランスボールが乗る前に転がってしまうと、竹馬ごと後ろに転倒し頭や腰を打つので気を付けたい。静かに座ってからやや弾みを付け、前傾しながら立ち上がると出来るのだが、前に重心を移動してタイミング良く立ち上がらないと中々出来ない上級者程度の力が必要な動きである。

③　バランスボールをつく（ドリブル）

　バランスボールだけでなく、ドッヂボールやバレーボール、バスケットボール等様々なボールをついたり、移動してのドリブル等をしたりする事が出来る。
　また、竹馬二本でも前に両手でつく事も出来る。
　当然ながら大きいボールをつく方が易しく、ボールが小さくなる程難しくなる。
　上級者向きの動きの技である。

④　ボールを上げる

　ボール等を上に上げるとボールを見る方に神経が行ってしまう為に、危険ではないがバランスを崩して落下する事が多い。
　実はこの発展技がある。左手でボールを右上に上げて、ボールが右上に浮いている間に、竹馬を持つ手を左に持ち替えて、落ちてくるボールを右手で取るという動きも出来る。
　いずれも上級者向きの動きの技である。

⑤　ミニトランポリン上で竹馬に乗る

トレーニング用品の一つにミニトランポリンがあるが、その上で竹馬に乗ってジャンプするというもので、この組み合せは、通常の竹馬と三角竹馬でも出来る。

跳ね上がり、沈み込むトランポリンの性質上、床や地面より何倍もバランス保持能力が必要で難しい。技はあまり出来ないが、危険ではなく上級者の難しい技に挑戦する際の練習の一つとしてどんな状況でも乗りこなせるという為に行ったものである。

竹馬の技能として最低でも前後両方向に乗れるようになっていれば出来るが、転んだり落下する事を考えると上級者向きで、普通に足で行うジャンプにはない感覚がある。

実施上の注意点がある。トランポリンの高さがあるのでよろめいてバランスを崩して落ちるとトランポリンから落下したり、弾んでいる分思うように安全に身を守るような落ち方にならない時があるので、無理に行うものではない。

もう一点は、トランポリンの弾む部分の構造が網目状でなく十字に組んであるような場合は、竹馬の足がそのすき間に入ってしまい、ガクッとバランスを崩し倒れてしまうので、竹馬で弾む事は出来ない。

竹馬と他の道具や用具と組み合せを実施する場合は、何と組み合せが出来るか、安全面や注意点は何か、竹馬で行うべきものか等をしっかり考えておきたい。

＜竹馬でトランポリンに乗る＞

弾みは、５～１０㎝位である。慣れると１８０度半回転したり、ジャンプしている中で足を合わせたりと、色々と出来るようになる。

＜三角竹馬でトランポリンに乗る＞

三角竹馬の場合は、両足をほぼ同時に乗り始めた方が良い。
弾みは、通常の竹馬同様５～１０㎝位である。

⑥　竹馬と各種の手具の組み合せ

ア　竹馬とお手玉

竹馬二本で３つお手玉　　　　　　　　　　　　竹馬一本で２つお手玉

当然ながらお手玉が出来ないと出来ない技で、上げた玉が気になりバランス維持が難しい。

イ　竹馬とけん玉・竹のけん玉

竹馬一本でけん玉をする　　　　　　　　　　　竹馬一本で竹のけん玉をする

ウ　竹馬とクラブ

　クラブとは、ジャグリング道具の一つでボーリングのピンのような形をしたものである。軟質プラスチックとゴムで出来ており、危険な道具ではない。

　竹馬に乗って他の手具や道具を組み合せるのは、当然竹馬なしで出来ていないと出来ないので、技としては難しさが増す。

エ　竹馬と輪

　首と腕に輪を掛け、乗ってから回すという組み合せ例であるが、回し続けるのはかなり難しい。
　どの程度の大きさが回し易いか、大きさや重さ、材質等とも関係があり、後はバランス保持と練習次第である。
　この例に足にも輪を掛けて、首と手と足でも回す事は可能だが、あくまでもこういう組み合せも出来るという一例として紹介する。

オ　竹馬と皿回し

　　　皿回しは、棒をほぼ垂直にしていないと回す事が出来ない。
　　　片足でバランスを取り、ジャンプしながら行うと皿が不安定でふらふらしたり、
　　皿も弾んだりしてしまい回しにくく回転が続かなくなるので、ジャンプは低く、
　　軽く小さく行うようになる。

　⑥のアからオの組み合せ例で分かる通り、竹馬と多くの手具や道具の組み合せが可能である。
　様々な中から昔の遊び道具やジャグリング道具等、安全な物を選んで行った例である。

　しかし、極端な例であるが例えば竹馬に乗ってあやとりをするとか、習字を書くとか、傘をさすとか、ジュースを飲むとか、ラーメンを食べる等々、無限に組み合せは出来るがむやみやたらに行わないで欲しい。

　そのような事を行うと、芸となってしまったり、危険な事に繋がったりと、竹馬の持つ本来のスポーツ竹馬や技能の工夫から大きく逸脱してしまう。

　また、その事は竹馬乗り上級者であっても、物を粗末にしたり、何でもやったりして良いという事ではない。
　もし行う場合は、あくまで学校で使う体育用具等との組み合せ等にとどめておきたい。
　組み合せを行う場合、上級者レベルで且つやや短い竹馬を利用した方が行い易い。

（10）　二人組で行う竹馬の乗り方の工夫例

①　二人向かい合い乗り

　竹馬１セット（組）に竹馬の足乗せ部分だけを２セット（組）分交互にセットし、二人で向かい合って竹馬に同時に乗る技で、上級者同士向きの技である。

　通常の足乗せ１セット（組）の竹馬でも出来るが、その場合一人は足乗せに、もう一人は足乗せの先端に乗せるが、靴では乗れないので裸足で乗るようになる。

　そもそも竹馬に二人で乗るという事はあまり考えつかないが、実は二人組の竹馬技も幾つかある。その中で、この向かい合い乗りが一番安全で楽しい乗り方である。

　通常竹馬は前に体重を掛け前傾して乗るが、向かい合って二人で乗る場合は、ほぼ中央にバランス・重心の中心が来るようになるという事になる。

　向かい合った**二人での乗り方には、二つの方法**がある。

　一つ目は、お互いに同時に乗る方法。

　二つ目は片方が先に乗って補助するような形になり、そこからもう一方の向かい合った人が乗るという方法の二つである。

　更にお互いが同時に乗る場合は、一人が右足からで、もう一方が右足等同方向から乗る方法と、一人が右足で、もう一方は左足から乗る方法もある。

　安定して乗れるのは、どちらか一人を先に乗せてからもう一人も乗る方法であるが、慣れると向かい合った二人が同時にも、どのような乗り方の順序にしても出来る。

　発展としてバランスやタイミングを合わせると、向かい合った二人が同時に竹馬にジャンプして乗って始める方法でも出来るようになる。

　二人向かい合い乗りは、一見とても難しそうに見えて出来ないだろうと思ったり、不自然な感じを受けたりするが、その一方で竹馬の特徴を捉えた愉快なやってみたい乗り方でもある。

　上級者同士であれば、わずかな練習でこつを掴み簡単に乗る事が出来る。

　写真は、筆者と演技者のコラボであるが、身長や体重差はほとんど関係がない。

　乗ってしまえば、二人で話し合ってその場足踏みから前後左右に移動したり、左や右に少しずつ回転しながら乗る事等も出来る。

　この形の発展として、次第にお互いに片手を離しても乗れるようになる。

二人同時に乗る方法

171

② 二人向かい合い竹馬交換乗り

　二人が向かい合って竹馬に乗り、同時に一方の竹馬を相手の方に斜め前に倒して一瞬放しながら渡し、足乗せをこちらに回して乗り替える、次に反対方向の竹馬も同様に渡して乗ると、相手の竹馬と二本とも交換して乗った事になる、という動きの技である。非常に難しく、上級者同士以上でないと交換は出来ない。上手く放さないと相手に自分の竹馬がぶつかってしまう難しさもある。

　どの角度で、内側から渡すか外側から渡すか等を決めて、最初竹馬に乗らず竹馬と手の交換だけ練習し、手順等を話し合ってから行わないと成功は難しい。

　片方出来てももう一方が出来ないと完成とは言えないので、とても難しい技である。

最初に、手前の竹馬から交換する

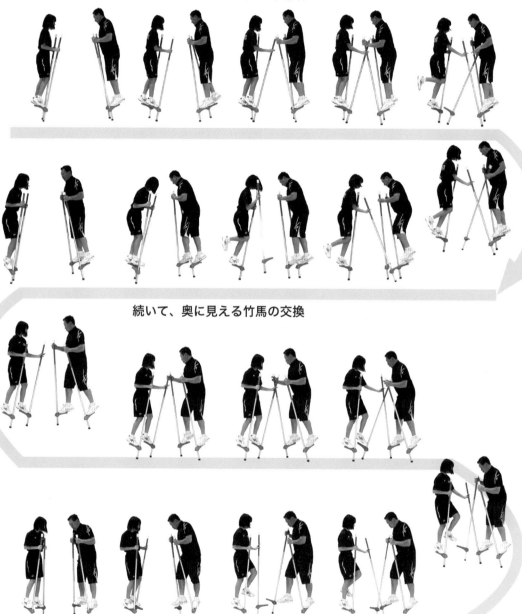

続いて、奥に見える竹馬の交換

172

③ 二人横並び竹馬交換乗り

二人が前向き横隣りに並び、二人の間の接する竹馬同士をまず交換して乗る。

次に、左右の位置を交換して同様に横隣りに並び、接する腕同士の竹馬を交換して乗ると、二人の左右の竹馬が交換した事になるという動きの技である。

写真では、赤い竹馬の右と青い竹馬の左の片方を左右交換して行った例である。

次に互いの左右の立つ位置を入れ替わり、同様にもう一方の竹馬を交換すると完成となる。**「ドッキング交換」** とも言える技である。

この技を行うには、最初乗らずに交換するタイミングや放す角度とか位置を確認したり、話し合ったりして、互いが理解した上で竹馬に乗っての交換を行わないと成功しない。

写真例では、青を後ろから内側に倒し、赤の竹馬は前から外に倒して接してから互いに一瞬放して持ち替え、その後竹馬を手元に引き寄せて、何とか足乗せに上手く乗せるという動きで交換している。実際には次に左右の位置を交換してもう一方の竹馬を交換すると完成となり、上級者同士でもかなり難しい技である。

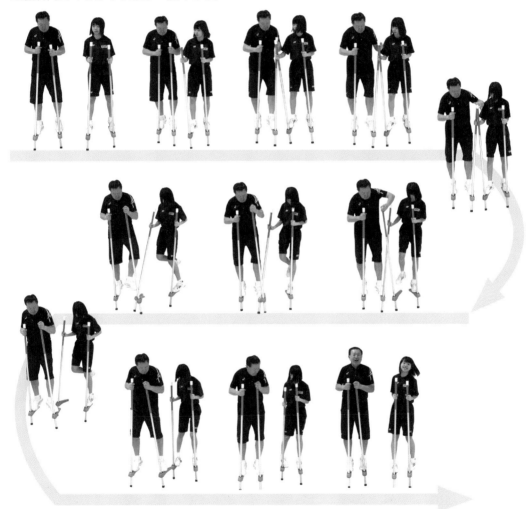

向かい合い交換と横並び交換の乗り方例を紹介したが、では縦並びはないのかというと、縦並びは後ろの人は足を開いて前の人と重なるようになり、後ろの人は竹馬を前に出して交換するという時に、正確な動きとして手と足を交換してはほぼ乗れない。

また、これを行うと前の人が交換した竹馬を掴めないと竹馬が体に向かって倒れてきたり、後ろの人がほぼ交換が見えない為、複雑に二人が絡んだように転倒したりと、安全性確保が難しく、死角が出来て交換が出来ない状態になってしまい、技として成立しにくいので紹介のみにする。

④　二人三脚乗り

　竹馬を三本使い、中央の竹馬に二人の隣接した足を乗せて歩く動きの技である。
　中央の竹馬を二人でわずかに上下で持ち、足乗せにも二人の足を置いて乗る事になるゲーム的な乗り方である。竹馬に多くの人が乗れるようになっていれば組み合せて乗り、競争も出来るが、そこまで簡単ではない。かなり上級者の技である。

　乗り始め方には、大きくは次の**二種類がある。**
　一つ目は、互いに中央の足を先に乗せてから外側の足を乗せる方法。
　二つ目は、互いに外側の足から乗り、次に中央の足を足乗せに乗せる方法がある。

　竹馬二人三脚の行い方には幾つか方法があるが、写真例が一番安全な方法である。
　写真例では、中央になる一本の竹馬に足乗せを左右に２つ付けて、どちらの人も乗れるようにした方法で行っている。
　但し、足乗せは足の内側で乗る内側向け乗りの乗り方で、足裏の土踏まず近辺を乗せる。
　他にも次のような方法があるが、どれも成功率が低かったり、安全性に問題があったりする。一応紹介しておくが、まず安全を第一優先に考えて行わない方が良い。

＜二人三脚を行う場合の注意したい乗り方＞

1　中央の足乗せ一つの場合は、足乗せにそれぞれの足の左右半分しか乗せられず力加減でどちらかが押し出されて踏み外す事が多く安定して歩けない。
2　通常の二人三脚では二人が接する足と足を結ぶので、１の例に一つの足乗せに二人分の片足を乗せるので、それぞれの足が落ちないようにする為に足を結ぶ、という方法もある。
　　しかし、この方法はアイディアは良いが本来二人三脚でも二人の調子が合わないと不自然な形で不意に転倒する。それを竹馬に乗って足を結ぶとなると危険性は更に高まり、どちらか乗っていても片方が足乗せから外れると乗っている人の足をも巻き込んだり引っ張られるように倒れたりして非常に危ない。
3　中央の足乗せにどちらかが足乗せの前半分に乗せ、もう一方が足乗せの後ろ半分に乗せる方法もある。この場合は、どちらかが足を踏まれて自由に足を動かしたいが動きにくい。前半分の足乗せに乗った人は、人の足を踏んでいるので足の角度が自分の動きと合っていないとやはり動きにくく、乗れない事が多い。竹馬の足乗せは、後ろに乗せると非常に動くのが難しくなる事から、後ろに乗せた人の力の負担も大きく、歩いたとしてもやはり歩数に限界がある。

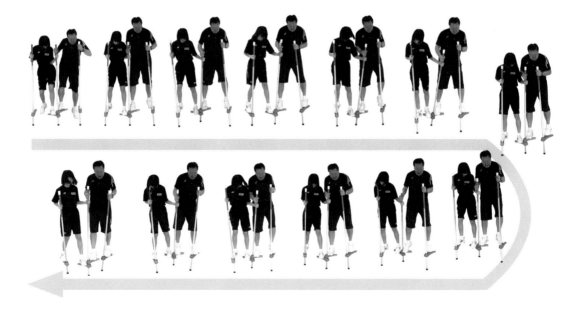

⑤ 人背負い乗り（おんぶ乗り）

　おんぶ乗りは、実は昔からあり文字通り人を背負って竹馬に乗る動きの技である。背負いながら竹馬に乗ると非常に重さを感じ、相当な腕力や背筋力、脚力等の筋力がないと乗せる事は難しく、背負う場合は当然ながら背負われる者の体重は軽い方が良い。

　通常一人で乗る竹馬とどこが違うかと言うと、次のような点に違いや不安を感じる。

> 1　まず人を背負って竹馬に片足を乗せた時点でぐっと足に重心が掛かるのを感じると共に、乗れるだろうかと相当な不安を感じる。
> 2　両足を乗せた時点で重心がかなり背中側に引っ張られるようになり、後ろに倒れたりするのではないかという感覚になる。
> 3　乗っている間は、常に相当な緊張感がある。
> 4　戻って安全に乗り終えるまで一瞬たりとも気が抜けない。

　もし行うとすれば、人を背負って乗るという所までいかなくても、ランドセルやデイバック、リュックサック等の中に砂袋等の安全な重りとなる物を入れて乗っても十分である。段階的に自分なりに重さを増して行う方法が安全である。

　軽い者を背負って地面や床から乗れない場合は、重心を下から上に移動させずに台等に上り、同じような高さから前に移動するだけで乗れるようにした方が間違いなく安全で良い。
　下から乗るのは片足で重量挙げをするような感覚になると同時に、すぐに倒れるような感覚に襲われ、両足で乗れる自信が無くなる事が多い。
　背負った者と、竹馬に乗った者が同時に転倒する事も考えられる為、背負った者は足をだらりと開いて垂らしておいた方が危険度は少ない。そうすると竹馬に乗った者がバランスを崩した時に、「おりろ！」等の声を掛けたらおんぶ状態から速やかにパッと離れて下りるようにする、等を約束しておくと良い。

　繰り返しになるが、何しろ技能と筋力と、他人に怪我をさせないという安全上の工夫や竹馬技能レベルが相当高くないと背負って乗せられない二人組の技である。
　写真は、安全の為子ども同士でなく筆者が小学校高学年体重３５㎏の子どもを背負った例であるが、３５㎏の重さを持ち上げると分かるがさすがに軽くはない。

＜人を背負って竹馬に乗る＞

⑥　二人の片手や、竹馬をつないだりする乗り方

　二人がそれぞれ竹馬二本や一本に乗りながら、互いの片手を触ったり握手したり、回転したり、二人で竹馬を持ったりする等、幾つかの技が出来る。
　次に、その乗り方例を7種類紹介する。上級者同士であればそれほど難しくなく楽しい動きが出来る。安全に注意しながら、他にも工夫してみると良い。

ア　ハイタッチをする　　　　　　　　イ　握手をする

　竹馬二本の上部を持つか、上部をクロスすると片手を少しの間自由にする事が出来る。そこでハイタッチや握手等をするという中級者から上級者向きの技である。竹馬を持つ際や放して戻す際に、相手に竹馬をぶつけないよう注意したい。

ウ　互いに称える　　　　　　　　　　エ　肩叩（たた）きをする

　肩叩きは、互いに肩に手を置いたりする、相手を称えるとか、なぐさめ合う等のイメージである。前の人の肩叩きは、前後の向きを反対にすると両者で肩叩きが出来る。尚、頭をなでる等も出来るが、失敗すると叩く事になるので注意したい。

オ　手をつないで乗る

　竹馬に乗り、手をつなぐというもので、出来ると楽しい上級者向きの技である。
　竹馬一本片手・片足乗りでも手をつなぐ事が出来るが、その場合は、互いに広がり過ぎると引っ張られて落下するので、距離感を意識する必要がある。

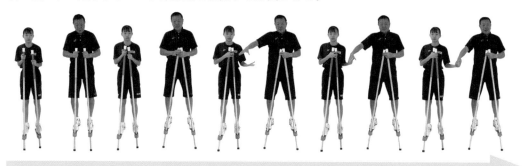

カ　反対向き手つなぎ回転乗り（竹馬一本）

　互いに前後１８０度反対向きになって乗り、手をつないだままケンケンをして左右に回転する技である。手つなぎが出来ればその応用で、上級者向きの技である。

　同方向を向いて行う事も出来るが、一本片足乗りで片手をつないだまま、後ろに移動回転すると難しく危ないので、反対向き回転の方が安全で楽しく感じるので良い。

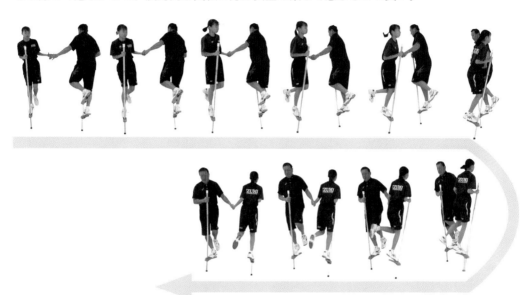

キ　二人縦並び・竹馬抱え担ぎ連続乗り

　二人が前縦方向に並び、前の人が二本で乗り後ろの人は一本の片足乗りでスタートする。声を掛けて二本のうち一本を後ろに向けて上げ、それを持つと前後二人の脇抱え乗り（刀差し）を利用した状態になる。そこから更に声を掛けて肩に担ぐと、江戸時代の「かご担ぎ」のような乗り方になる、上級者同士で行う動きの連続技である。

　この技は、後ろの人が二本で乗り、前の人が一本の片足乗りで乗るという前後反対でも出来る。この場合は、槍突きの脇抱え乗りの動きを利用する。

　更に、下ろす時に脇抱えに戻してから床や地面にと二段階に下ろす方法もあるが、やや間延びする為、下の写真のように担いだ肩から一気に下に下ろして戻した方が良いだろう。

ク　二人向かい合い・橋渡し（橋架け）乗り

　二人が向かい合い、一人は竹馬二本、もう一人は竹馬一本に乗り一本の竹馬を前に上げて持つと、岸から岸に橋を渡したように見えることから「橋渡し」や「橋架け」とした動きの技である。槍突きの動きを利用した応用技である。

　互いを見ながら乗る事が出来るので、掛け声等を掛けなくてもスムーズに出来る。
　二人とも中級から上級程度の力があれば出来る技である。
　この発展や関連技として、前に上げた竹馬を持った人が股の間に入れて持つと、跨ぎ乗りとして技にする事が出来る。

　更にこの関連応用技として、互いに二本に乗り片方ずつ槍突きのように前に上げて、平行に橋を架ける技も出来る。

　竹馬の二人組系は様々な発想で多くの技が出来、二人以上の複数で行ったりする事も出来る。最低二人がいれば出来るので、創意工夫を加えて楽しく行って欲しい。

第9章　楽しく竹馬に乗る工夫

1　竹馬で決められたコースを歩く

　竹馬の技だけでなく、竹馬の乗り方には校庭や園庭等、乗る場所に合わせて乗る方法、乗る技を高めていく方法、コースを規定してその中で乗る方法等を利用して楽しく乗る工夫が考えられる。

　ここで、**平面上を歩く**場合の**基本コース**として、次の**5つの例**を紹介する。
　もちろんこの例が全てではない。これらを参考に、是非平面利用の工夫を考えて安全に楽しく行って欲しい。

＜平面利用の基本コース表＞

コース	行 う 場 合 の 留 意 点
① 直 線	①前歩き、②横歩き、③三拍子移動歩き、④左右開閉移動跳び、⑤左右ライン跨ぎ横移動跳び等をする。 　後ろ歩きももちろん出来るが完全に先を見る事が出来ない。 　もし乗る場合は、正面下のライン幅を確認し予想して動くしかない。これでは何を養うか不明瞭になる為、コース内を歩いたり移動したりする場合は、実態に合う動きを行う。
② 斜 行 ③ 蛇 行	斜行と蛇行は仲間と考えて良い。 　斜行の発展として、蛇行では好きな部分を曲げたりするが、その大きさ等も自由に作って行う事が出来る。
④ 8の字	直線、斜行、蛇行をまとめた動きと考えて良い。乗る技も替える事が出来る。
⑤ 砂 場	これはぬかるみコースとして不安定な足場を想定した動きを経験するためのコースである。

　このコース表で、斜行と蛇行は似ている事から分類として1つにまとめて位置付けた。

　ライン幅は、30㎝位で十分である。30㎝でも体や肩幅より狭い為、わずかな横振れですぐライン踏んだり、はみ出たりする。
　写真例では20㎝幅であるが、20㎝でも上級者として完璧に歩くのは難しい。

　幅10㎝だと体操競技の平均台の幅と同じとなる。10㎝は相当に難しく危険である。
　練習を積み重ねた体操競技選手でも平均台から落下する事もあるほど幅10㎝は相当難しく、危険性が高い。試しに10㎝幅のラインを地面に書いて乗ってみると、集中力と実力だけでは出来ないレベルである事がすぐに分かる。

　その為、平均台の上を歩く事も出来なくはないが非常に危険を伴う。筆者自身の経験からも失敗すると転倒では済まされず、平均台に強打し軽くて打撲、重いと顔面や頭、体のあちこちをぶつけて骨折や血を見るような重傷で救急車の出動になるレベルなので勇気や度胸は分かるが、避けた方が良い。

　怪我して後悔する前に、安全性を第一優先とし、難しい事に挑戦している事が分かれば良い。

　では、順にコース歩きを紹介する。（次頁）

179

（1） 直線コース

①−① 直線コース・前歩き（横から）　　　　　　　　　← 右から左へ移動

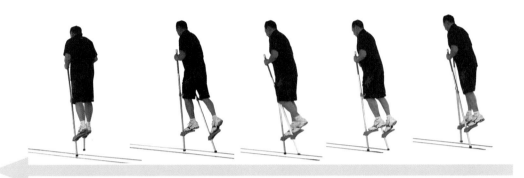

直線コース・前歩き（正面から）

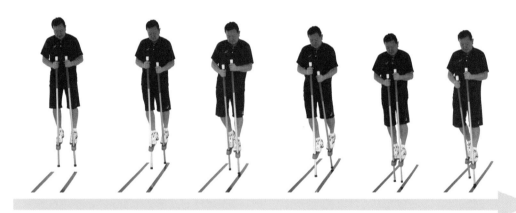

①−② 直線コース・ラダーを使って

　直線歩きコース同様、トレーニング用のラダー（はしご）を置いて行うと、直線コースでの歩く動きが明確になる。

　これまで竹馬で自由に歩いたり、ステップしたり、移動していたのを枠の中や規制された所を規則的に動く事で、より正確な出来映えが要求される。通常のトレーニングに竹馬を使うという事は、より高度なバランスをも伴う難しい動きの習得になる。

　尚、ラダーを使ったトレーニングは多くの動きがあり、出来る人や道具がある人は竹馬でも出来る動きを取り入れて様々に工夫して行うのも良いだろう。

①－③　直線コース・横歩き

　直線コースを横に移動するのも面白いが、横移動を正確に真横に移動するのはぶれも大きく中々難しい。普段何気なく竹馬で歩いていてもコース幅を限定するだけで、上手く歩こうと緊張するような心理状態になり、神経も筋力も使うのである。

←　右から左へ移動

　直線コースを利用した発展として、竹馬一本の片足ケンケンで進む事等、幾つもの進み方が出来る。正確に直線的に片足で進むのは難易度が上がり、更に難しくなる。

①－④　直線コース・三拍子移動歩き

　直線コースを「左外・中・中、右外・中・中」と三拍子のリズムで前に進みながら乗る動きである。いわゆる「バンブーダンス」のリズムである。

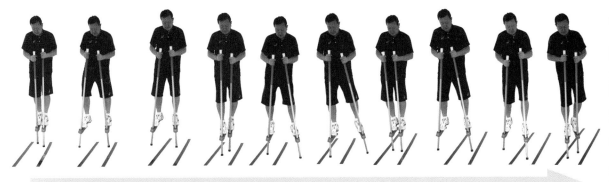

①－⑤　直線コース・前後三拍子移動、横歩き

　直線コースを使って、前と中と後ろのステップを使いながら三拍子で横に移動する動きで、リズムは「片足前・中・中、片足後ろ・中・中」という動きのリズムになる。

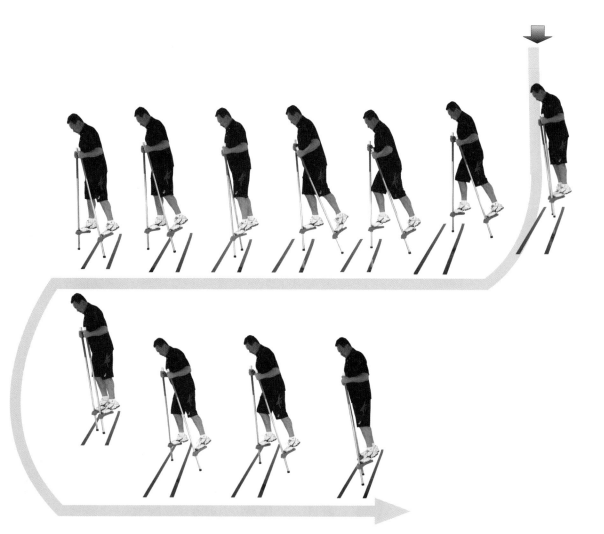

①−⑥　左右開閉移動跳び

　直線コースを利用して、二本線の外では両足を開き、次に中に足を揃えて閉じるという足の開閉の動きを連続しながら前に進む動きである。

　両足同時ジャンプ同様のジャンプのタイミングで開閉し、着地の度に沈み込んで次のジャンプに向かうようにしながら行う。
　中級程度の力で出来る動きである。

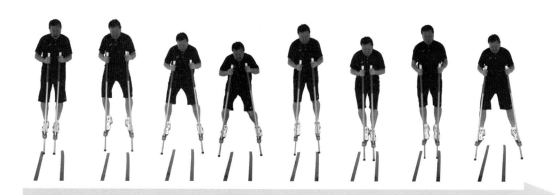

①-⑦　左右ライン跨ぎ横移動跳び

　直線コースを使って、ラインを跨ぎながら左右横に跳びながら斜め前方に移動して進む動きである。小学校高学年以上の学校で行うスポーツテストの反復横跳びに近い動きをする。

　これを行うと分かるが、スキーのターン前の先行動作やスケートの片足への乗り移りの動きにも近く、素晴らしいトレーニングになる動きである。

　左右開閉移動も、ライン跨ぎ横移動もほぼ難易度は同じ程度だが、普段の床でのトレーニングで横に移動するよりは、当然ながら竹馬に乗って移動するのはバランスとしては高度になる事から、上級者向きの動きである。

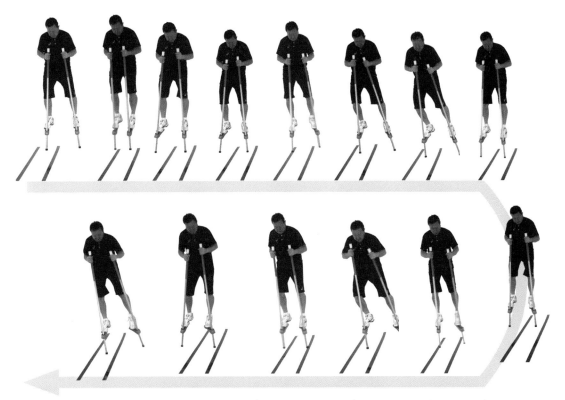

　トレーニングとして様々なステップやリズムで行っていれば、それを上級者であればほとんど全て竹馬に乗って行う事が出来る。写真は、そのごく一例である。

竹馬の木目込み人形

（２）　斜行コース・蛇行コース

　直線コースが出来れば、斜行コースや蛇行コースを作っても良い。
基本は同じであるので、同様に乗りながら楽しめるコースである。

　これを横乗りで行って、往復すると左右どちらも出来る。
更に高度だが、竹馬一本乗りの片足ケンケンで行ったりと応用発展も出来る。

　写真は斜行コースであるが、繋ぎ方や途中をカーブさせれば蛇行コースとなるので、色々な
曲がり部分を工夫して作ると良い。

　斜行コースと蛇行コースは似ているので蛇行コースの紹介写真は省く。

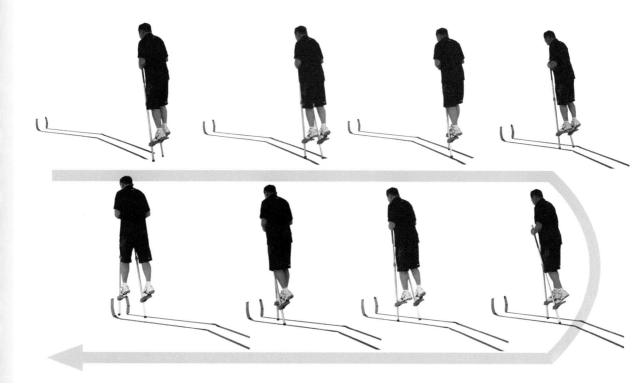

（３）　８の字コース

　直線、斜行や蛇行で歩く事が出来ると、８の字コースで左右に回りながら今までの力を試す
総合的なコースが８の字コースとなる。（次頁）

　スタート位置は、端や中央から等どこから始めても良い。
　前歩きだけでなく、片方の円を回ったところで横歩きにするとか、竹馬一本乗り片足ケンケ
ンで乗り、慣れたら半分過ぎた所で反対足で一本乗りに替えたりする等、応用・発展も出来る。

　ある程度乗れる力が同じ者同士であれば、８の字コース内を間隔をあけて二、三人で同時に
行う事等、工夫も出来る。

　また、二人でそれぞれの円の端から鬼ごっこをして、周りながらタッチしたら鬼になる等、
遊びやゲームとしても利用出来る。
　更に、タッチでなく体でぶつかって８の字の円から押し出す、というゲーム等も出来る。

高い竹馬に乗る猿

（4） 砂場・ぬかるみコース

　砂場の中を竹馬で乗ると、ぬかるみにはまるとはどういう感じか、また不安定で非常に難しい動きを体験する。

　砂場は全く危険はないが、しばらく使っていない砂場はやや固い所と柔らかい所での段差等があってガクッとなる事があるので、砂場を一度全部掘り起こして異物を取り除き、ならしてから行うと良い。砂場を歩くと竹馬が深く沈む。沈みが止まった所でバランスを取りながら少し止まり、竹馬の手と足を高く上げ、やや大きく前に出して沈ませるという動作を繰り返す。普段の生活ではまず得られない体験や感覚である。

　例えとして田んぼで裸足で田植えしながら移動する動きに近い。何回か行うとこつを掴み、ゆっくりと安定して進めるようになるが、かなりバランス感覚が必要で、握力強化や体幹トレーニングにも良い。

　５ｍ四方の砂場で行った例であるが、進み方として深くめり込む前に速く歩いて進む事ももちろん出来る。
　ゆっくり歩く場合は深く入る為１分近くを要する。
　砂場やぬかるみを竹馬で歩く事の難しさが分かる例である。（写真下）
　これを行うと、昔の日本人や諸外国の人達のバランス能力は現代人より優れていたのではないかと、考えさせられる動きである。

2　校庭や園庭で竹馬に乗る

　ある程度竹馬に乗れるようになると、校庭や園庭内の遊具等の周りでも乗ってみたいと思うのは自然である。

　但し、竹馬乗りをしながら固定施設や遊具にはあまり近付かない方が良い。

　安定して乗っていれば問題も少ないが、これらの近くで引っ掛かったりバランスを崩したりすると怪我に繋がる。

　また、固定施設や遊具で遊んでいる友達のそばで竹馬に乗っている場合は、必ずみんなに声掛けをして、互いにぶつかり思わぬ大怪我をしないよう注意したい。

（1）　タイヤ間ジグザグ歩行

　校庭や園庭等で、もし行うのであればタイヤは完璧ではないが安全な部類である。

　タイヤ間を、前歩きや横、斜め歩き、竹馬一本乗りでも行う事が出来る。

（2）　タイヤ横跨ぎ移動

　　タイヤの高さにもよるが、後ろから前に足を開いて跨ぐ方法と、横から跨ぐ方法がある。横から跨ぎ移動する際は、片足を上げて跨ぐ時に重心が後ろに掛かると倒れてしまうので注意が必要である。この動きは、中級以上の乗り方である。

　　尚、タイヤの上に乗る事も出来なくはないが、軽自動車や普通車のタイヤは厚みがなく、乗ると凹んで竹馬が引っ掛かって転倒するので、乗らない方が良い。

　　また、タイヤ近辺で転ぶと何もない広い場所で転ぶ時より、竹馬とタイヤで複雑な転び方をして怪我をする事もあるので注意したい。

（3） タイヤ開脚跨ぎ歩行

　これは、校庭や園庭に埋めてあるタイヤを足を開きながら跨いで通るという動きである。足を少し開く動きでもバランスを取って乗れるという体験も出来、前述のバランスボール越しより足を開かないので、中級程度であれば安全に跨いで進める。

　タイヤ幅は、大型でも３０㎝、高さも５、６０㎝程度であるので、竹馬で前が乗れていれば挑戦しても大丈夫で、危険な動きではない。

（4） タイヤ内（輪内）歩行

　地面や床に置かれた輪やタイヤ内を、竹馬に乗って歩いて移動する動きである。
　輪やタイヤをはみ出したり、踏みつけたりしないで歩くには、集中力と一歩一歩のかなりのバランスコントロール能力が必要である事から、やや上級者の動きである。（次頁）

　通常、軽トラックでも普通乗用車でもタイヤ幅は最低でも２０㎝以上ある為、一歩一歩歩く度に常に竹馬と足を高く上げながら歩かなければならないので、バランスを崩し易くなる。

　もしバランスを崩して一定のリズムで乗れなくなると、特にタイヤでは幅や高さがあるので倒れたりして危ない。

　更に、タイヤの真ん中辺りに竹馬を上手く入れる事が大切で、それは次に足を上げて移動しようとした時に引き上げながら竹馬と体が前傾して進む為、タイヤ内のへりに引っ掛かって思わぬ転倒を招く事があるからである。

　また、タイヤ内の手前に入ってしまうと、次の一歩が大股になってしまうので、一つひとつのタイヤからタイヤへの移動歩幅が変わって安定しなくなり、これも途中でバランスを崩して危ない。

① タイヤを置く場合の注意点

○　タイヤとタイヤの間隔は竹馬なしで歩いてみて、ぴったり付けて置くか、均等にわずかに離して置くかを決めたい。タイヤの場合は常に視線が下がり、タイヤ内の足下を確認しながら竹馬を高く上げ続けないと連続して歩けないので、無理な幅やあまり不規則にしない方が良い。
　ちょっと抵抗感を付けてみようと不規則に置くと、危険度は高まる。
　自分で乗ってみるとその抵抗感と恐怖感と共に、集中力の必要さが分かるだろう。

○　タイヤにすぐに挑戦するのではなく、最初は小さな輪等を置いて、まず移動する間隔やタイミング等を掴んでからタイヤに挑戦すると良い。

○　練習や挑戦する人の歩幅を考え、それに見合った幅に置く、等が大切な点である。

②　輪やタイヤを置いて行うコース

輪やタイヤは、サイズや太さが色々あるので実力に応じて置き換えても良い。
実施方法には、次のような種類のコースが考えられる。

＜タイヤを並べて乗る方法例＞

1　規則的に２個ずつきちんと置いたコース
2　歩き易いように少しずらして２つずつ並べたコース
3　ほぼ直線的に並べたコース
4　タイヤ島のように離れたところにタイヤを並べて、１つの島の中を乗って移動してまた
　次の島のタイヤに乗って進む
5　大きさや太さ別に並べて乗るコースや次第に大きいサイズになるようにするコース、例
　えば、子供用の三輪車や手押し作業用一輪車、自転車のタイヤ、軽自動車のタイヤ、普
　通自動車のタイヤ、トラックのタイヤ等を小さい方から順に並べるコース等である。
6　１つのコース内に大きい、細い、中くらい、小さい、太い等様々なタイヤを不規則に並
　べて乗るコース等である。

＜タイヤを置いたコース例＞

1　規則的に２個ずつ 並べたコース	2　歩きやすく 並べたコース	3　直線、一列に 並べたコース
➡ ◎◎◎◎ ◎◎◎◎	➡ ◎ ◎ ◎ ◎ ◎ ◎ ◎ ◎	➡ ◎◎◎◎◎◎◎
4　島をいくつか作って 移動するよう並べたコース	5　タイヤの種類別に 並べたコース	6　何種類か一緒に 並べたコース
◎◎◎　◎◎◎ ◎◎◎ ➡ ◎◎◎ ◎◎◎　◎◎◎	○○ ◎◎ ●● ○○➡◎◎➡●● ○○ ◎◎ ●●	●○○ ➡ ○● ○●○

始めに平たい輪を置き、次にタイヤを置いて乗っている例である。（写真下左）
最初輪で歩くリズムを掴み、次第にタイヤに移るとスムーズに出来るようになる。
直線的に置いたタイヤコースは、横に２個置いたタイヤコースより難しくなる。（写真下右）

輪からタイヤへ歩く

直線的なコースで歩く

（5） 山上り下り（登り降り）

　校庭や園庭等に土を盛って作った小山のような所があれば、上り下り（登り降り）をする事が出来る。上り下り（登り降り）は、上りの方が易しく下りの方が難しい。

　ただ、傾斜がきつい小山は降りる時に足が土にめり込んだり、崩れたり、足を取られたりすると転倒の危険もあるので、実施前によく調べて、考えてから行いたい。
　また、土の場合堅い部分や柔らかく凹凸があるような部分等、全ての部分が安全であるとは言えない。

　このような場所では、竹馬に乗れるという自信だけでは対応出来ない事も多く、土を盛ってある場所や小山等は、事前に目で見たり、自分の足で踏んだりして安全を確認してから行うよう心掛けたい。更に、土だけの山より草がある場合は、湿っていると滑って危ないので特に注意して実施したい。

　様々な条件があるが、どうしても行う場合は、高低差が少なく一歩一歩足場を確認しながら低い所から少しずつ挑戦して、ゆっくり上り下り（登り降り）をしていくようにしたい。
　練習次第で、最後には竹馬に乗って頂上に立った時は、小さな天下を取ったような得も言われぬ気持ちにひたる事もある。繰り返しになるが、特に下る時の危険度が高いので注意したい。

＜上りコース＞
　（登り）

＜下りコース＞
　（降り）

190

3 竹馬を利用した遊びやゲーム例について

「竹馬運動会」や「竹馬大会」を開く等、学校だけでなく地域を挙げて長年竹馬運動に取り組んでいる所もあり、とても素晴らしい事である。

これまで竹馬指導で次のような遊びやゲームを行って来たが、その時に配慮した事等を含め、その例を紹介したい。

もちろん、みんなが竹馬に乗れるようになっていないと出来ないが、これらの紹介例以外にも楽しく安全な竹馬ゲーム等を考え、工夫して行って欲しい。

（1） 竹馬じゃんけん

竹馬に乗ってじゃんけんをする。少し弾みを付けたり、少し屈んで準備したりしてみんなで声を合わせて行うと良い。難しくないので、楽しく行う事が出来る。

竹馬じゃんけんは、例として次の**二つの利用**が考えられる。

> 一つ目は、じゃんけんだけの単独ゲームとして行う。
> 二つ目は、各種のゲーム前に代表が行うのに竹馬じゃんけんを利用して行う。

竹馬じゃんけんゲームは、例として次のような行い方が考えられる。

> ① 回数を決めて行う。
> ② 相手を変えて行う。
> ③ 男女別に行う。
> ④ チーム戦で行う。
> ⑤ 勝ち抜きを行う。
> ⑥ 先生や指導者と全員で行い、勝ち残る。（あいこの場合は、負けとする）

グーの姿勢 　　　　チョキの姿勢（左右前と横）　　　　パーの姿勢

（2） 竹馬競争（徒競走）

竹馬に乗っての短距離走である。持久走も出来るがそこまでしなくても良いだろう。
準備物は、ホイッスル、順位表や旗、ゴールテープ（からまる場合はなくても良い）

競争を実施する場合、次の事を決めて行う。

> ① スタート方法を決める。
> 　ア 「ドン」の合図で、乗ってスタートする方法
> 　イ 最初から片足の足だけ乗せて置いて、ドンの合図で
> 　　乗ってスタートする方法
> 　ウ 最初から両足とも竹馬に乗せていて、ラインより出ないで小刻みに足踏み調整をしな
> 　　がらスタートする方法
> ② 距離を決める。
> ③ 1レースの人数を決める。
> ④ 1レースの組み分けはどうするか。（身長順、男女別、男女混合・タイム順等）

竹馬徒競走の場合、乗らなくても足が速い人は当然竹馬に乗っても速い事が多い傾向があるので、レースのメンバーや組み合せを配慮したい。

（3）　竹馬リレー

リレーをする時に、考慮したい準備物等は次のようである。
ピストル、雷管、ホイッスルやアンカータスキかバトンの代わりになる物等。

リレーを実施する場合、次の事を決める。

① 距離はどうするか、往復でリレーするか、行き・帰りでリレーにするか決める。
② 間に傾斜や障害物等を置くか、旗や台を置いて回りながら進むか等を決める。
③ チームの人数を決める。
④ タッチやバトン、タスキ等、引き継ぎの部分をどうするか決める。
⑤ ゴールはどうなったら終わりなのか決める。
⑥ 男女別なのか、混合なのか決める。
⑦ チームの構成は、男女関係なくタイム順で均等に作るか、生活班か、クラス別か、地区別にするか等を決める。
⑧ チーム名を決める。
⑨ 何回勝負にするか決める。
⑩ 全チーム一斉試合か、トーナメント式か等を決める。
⑪ 賞や得点等はどうするか決める。
⑫ 竹馬が壊れた時どうするか決める。
⑬ 怪我をした時どうするか決める。
⑭ その他、必要な事を決める。

（4）　竹馬鬼ごっこ

竹馬で鬼ごっこをする場合考慮したい事は、次のような事である。
準備物は、旗やホイッスル、ストップウォッチ、帽子等である。

鬼ごっこを実施する場合、次の事を決めて行う。

① ライン等で分かるようにして、安全な場所や範囲で行う。
　　（コートを円や方形、三角形等を決める）
② 狭い所や段差のある所、鉄棒の下をくぐらないと行けない所等々、安全に行う場合の場所やルールを決めて行う。
③ 鬼が分かる方法を決める。
④ 何人の鬼にするか決める
⑤ 行う時間を決める。
⑥ 何回行うか決める。
⑦ どうなった時に鬼になるか、捕まるのか決める。
⑧ 何もしていないで、自分で竹馬から落ちた時どうするか決める。
⑨ 竹馬が壊れた時どうするか決める。
⑩ 怪我をした時どうするか決める。
⑪ 全員一斉か、チームにするか、男女別か等を決める。
⑫ 賞や得点等はどうするか決める。
⑬ その他、必要な事を決める。（安全地帯の休める島、寄りかかる場所等）

（5） 竹馬影踏み

　天気が良く太陽が出ている時には、外で竹馬に乗って影踏みを行う事が出来る。
　竹馬で影踏みを行う場合考慮したい事は、次のような事である。
　動きの遅い人は、すぐ影を踏まれて鬼になる事も多いので、ルールを工夫して実施すると良い。
　準備物は、ホイッスル、旗、ストップウォッチ等である。

　影踏みを実施する場合、次の事を決めて行う。

① 　行ってはいけない場所や、コートの大きさ、行う範囲を決める。
② 　全員一斉か、男女別にするか決める。
③ 　男女別や男女混合、能力別等どのように行うか決める。
④ 　鬼を何人にするか決める。
⑤ 　どのように影を踏んだら、鬼になるか決める。
⑥ 　鬼は増やしていくのか決める。
⑦ 　鬼が分かる方法を決める。
⑧ 　行う時間を決める。
⑨ 　何回行うか決める。
⑩ 　何もしないで竹馬から落ちた時どうするか決める。
⑪ 　竹馬が壊れた時どうするか決める。
⑫ 　怪我をした時どうするか、決める
⑬ 　その他必要な事を決める。（安全地帯の休める島、寄りかかる場所等）

（6） 竹馬陣地取り

　体育館内のラインを利用して左右に分かれて攻め入ったり、校庭等では水ライン程度でも良いので、簡易的に引いてエリアを決めて行うと良い。

① 　時間を決める。
② 　チーム人数やチーム名を決める。
③ 　男女別か混合かを決める。
④ 　１回戦とするか、前半後半にするか決める。
⑤ 　基本的なルールを決める。
　＜例＞ どうなったら終わりなのか、勝つのか負けるのか
　　　　竹馬から落ちたら負け、押し出されたら負け等
　　　　相手の最終エリアに入ったら勝ち
　　　　時間によって乗って残っている者が多い方が勝ち
　　　　落ちた人は外に出る等と、審判ラインズマンの決定

＜対戦例１＞ 　直線間に向かい合って出会った所でじゃんけん、勝ったら進む
　　　　　　　負けたら、チームの後ろに戻って３回まで行う 等

＜対戦例２＞ 相手陣地に先に到達するか、
　　　　　　時間内に何人到達するか等

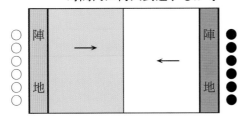

＜対戦例３＞ 相手の陣地内に先に
　　　　　　一人でも入ったら勝ち

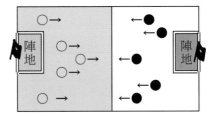

193

（7）　竹馬サッカー

　竹馬でサッカーを行う場合に配慮する事は、次のような事である。
　準備物は次のような物である。
　ホイッスル、ラインズマン旗、ストップウォッチ
　サッカーボール（サッカーボール以外も可。大きさ等も考慮）得点板、対戦表、ゴール（大きさやネット等も考慮）

　サッカーを実施する場合、次の事を決めて行う。

> ①　男女別か、男女混合か、実態とチーム分けをどうするか決める。
> ②　コートやゴールをどうするか決める。
> ③　1チーム人数を何人にするか決める。
> ④　ボールをどれにするか決める。
> ⑤　得点やファウル等のルールを決める。
> ⑥　1試合の時間を決める。
> ⑦　前半後半にするか、1回だけか決める。
> ⑧　審判、ラインズマン、時計係、得点係等を決める。
> ⑨　チームの服装や帽子等をどうするか決める。
> ⑩　ゴールキーパーはどうするか決める。
> ⑪　チーム名をどうするか決める。
> ⑫　その他、必要な事を決める。

小学校での竹馬サッカー

　サッカーの場合、思い切りボールを蹴ろうとして空振りすると転倒する事があるので、怪我には注意する。

外国の竹馬サッカー

（8）　竹馬すもう

　竹馬に乗ってすもうをする。「竹馬合戦」とも言う。
　決めておく事は、行司（審判）と組み分け表等くらいで準備は特にいらない。
　円は、あまり大きくなく直径が3〜4m位の大きさの方が時間が掛からず、決着が付き易い。
　取り組みの始めに、まず円の外でお互いに「礼」をしてから円の中に入る。
　実施する場合、次の事を決めて行う。取り組みの始め方やルールはそれぞれ2つある。

＜取り組みの始め方＞

> ①　片足だけ乗せておき「はっけよい、残った」の合図で乗って始める方法
> ②　始めに竹馬に乗っておき「はっけよい、残った」の合図で始める方法

＜基本ルール＞

> ①　竹馬からよろけて先に落ちたら負け
> ②　円から足等が出たら負け、という単純な方が良い

　取り組みとして、勝負はお互いに体や腕を相手にぶつけてバランスを崩れさせたり、押し出したり、ルールによっては「脚払い」するという事もある。
　竹馬の足の部分を蹴ったり、払ったりする事も出来るが、これをすると思わぬ転倒に繋がり、危険度が増すためルールに入れるかどうか決めておくと良い。
　竹馬すもうは、通常の竹馬二本と一本乗りでも、三角竹馬でも出来る。

（9）　竹馬と長なわを使った組み合せ

実施する際は、次のような工夫をすると良い。

①　長いなわを地面から少し高くして張って、色々乗り方や歩き方、ジャンプ等をしながら張ったなわを越したり、横切ったり、くぐったりする。
②　大波小波の中で竹馬をする。
③　回旋している長なわの中で様々なジャンプで跳ぶ。
　ア　あらかじめ、中に入っていて、回し始めて跳ぶ。
　イ　回っている長なわの中に入って跳ぶ。
　ウ　二本の竹馬に乗って跳ぶ。（写真上）
　エ　一本の竹馬に乗って跳ぶ。（写真中）
　オ　ダブルダッチ（二本なわ交互内側回し）の中で竹馬に乗って跳ぶ。（写真下）

①　長なわ一本を使って、竹馬二本でなわを跳ぶ

長なわの中に入って竹馬（二本）で跳ぶ

②　長なわ一本を使って、竹馬一本でなわを跳ぶ

長なわの中に入って竹馬（一本）で片足ケンケンで跳ぶ

③　長なわ二本を使って、竹馬二本でなわを跳ぶ

ダブルダッチ（二本なわ交互内側回し）の中に入って竹馬（二本）で跳ぶ

（10） 竹馬と中なわを使った組み合せ

① 向かい合って行う二人組の竹馬となわ跳び

　写真は、まず1回目を向かい合い跳びをしてから一度なわを外して180度半回転し、後ろ向きになって後ろで2回目を跳ばせ、すぐに180度半回転方向転換して3回目を向かい合って前に跳ばせる、という竹馬なしでも難しい跳び方で、竹馬での二人組跳びを跳ばせた例である。

　この例以外に、向かい合って竹馬に乗った一人を跳ばせる等、多くの技が出来る。

高度な二人組跳びを竹馬で跳ぶ（前後方向転換180度半回転連続跳び）

② 縦に並んで行う二人組の竹馬となわ跳び

二人が縦に並び、それぞれ竹馬一本に乗り、なわ一本を前の人は右手、後ろの人は、左手で（またはその反対）回してなわを跳ぶ。上手く跳ぶには、後ろの人が声を掛け、タイミングを合わせると跳び易い。

③ 横に並んで行う二人組の竹馬となわ跳び

＜一人を跳ばせる＞

この回し方で前や後ろに跳ぶ事も出来る。また、竹馬なしの人も一緒に二人同時に跳ぶ事も出来る。

＜二人同時に跳ぶ＞

この回し方で左一人、二人同時、右一人で跳ぶとか、二人で跳ぶ、跳ばずに二人の間で回してから二人で跳ぶとか、この中にもう一人なわを持たず竹馬に乗った人を入れて三人で跳ぶ事も出来る。

考えれば幾つもの技が出来るので、乗れる人は色々と試して欲しい。

④　なわや綱を引き合う

　竹馬一本に乗り２、３ｍ離れて互いに綱を持ち、乗ってから引いたり押したりしながら綱引きの勝負をする事が出来る。行うにはやや太い素材の物が良い。

（11）　二人で竹馬に乗りボールをやりとりする

　二人それぞれ一本の竹馬に乗り、ボールを使った動きや遊びをする。
　ボールに意識が行くと、上級者同士でも時々失敗するので楽しく出来る。

①　キャッチボールをする

　相手が取り易いように軽く投げ渡ししたり、高く投げたり取ったりも出来る。

②　ボールをバウンドして渡す

　相手にバウンドしている間に竹馬の持ち手を左右変えると、両手で投げたり受けたりする事も出来る。

（12）　その他の竹馬遊び

　これまで紹介したゲームや遊び例以外にも、かつて日本各地では次のような竹馬遊び等が行われていた。その中には現在も行われている地域もあるだろう。
　その遊びについて、簡単な説明を加えて紹介したい。

○ 竹馬行進

　これには二種類ある。
　① 道路がまだ舗装されていない、自動車もまだほとんど走っていなかった時代、みんなでぞ
　　ろぞろと道路を我が物顔で闊歩（かっぽ）していた。
　② 親（リーダー・先頭）を決め、校庭や公園、空き地内の色々な場所やコースを親に付いて移動する。途中には、坂や階段、小山、電柱、ベンチ、砂場、草むら等様々な場所を通る。中には跳び降りたり、階段の上り下りもした。親が落ちたら親を交代する。後ろに付いて行く者が竹馬から落ちたら、列の一番後ろに付く、というものである。

○ 静止競争

　整列したり、円陣になったりして合図で静止する。動いてしまったり、竹馬から落ちたりしたら負け、最後まで長く静止して残っていれば勝ちとする、というもの。

○ 竹馬石蹴り

　石蹴りの遊び方を竹馬に乗って行う。現在、竹馬なしでの石蹴り遊びすらほとんど見られなくなっている。ケンケンパ等を竹馬に乗って行うので、石蹴りは結構難しい。

○ 竹馬真似乗り

　親・リーダーを決め、親が行う技をみんなで真似て行い、竹馬から落ちたら失格。親も途中で落ちたら、また新しい親を決めて再スタートする。

○ トンネル遊び

　足を高くしたのっぽ竹馬に乗り、歌を歌ったり、繋がったりして股の下を通る遊び。（下図）
何人かがのっぽ竹馬に乗り、連なってトンネルを作ったりして遊んだりもした。

竹馬トンネルの下を通る電車ごっこ

　遊びには、日本共通や世界共通がない。時間も回数も行い方等も含めてその場にいるメンバー同士が納得して決まれば、それはもう今日のその場の遊びのルールになる。
　上記の竹馬遊びも自分達で工夫し、楽しく行っていた事が容易に想像出来る。

　その他の昔遊びの中にも、危険でなければ竹馬を使って楽しく遊ぶ工夫もまだまだ沢山あるだろう。是非皆さんで安全に注意して楽しく遊んで欲しい。

おわりに

　竹馬は、伝承遊びや昔遊びの一つとして位置付けられているが、これらの遊びを伝承出来るという人が、実は殆どいなくなってしまっているのである。

　遊びを体験し、それをきちんとした形で伝承出来る人材がどんどん少なくなっているのが現状ではないだろうか。

　１９６４年（昭和３９年）の東京オリンピックを境に急激な高度成長を遂げた我が国は、どんどん新しい物や便利な物を生み出し、建物も生活様式も食べ物等も洋風化が進んだ。

　また、それを機に国際化も大きく進み、これまで国内で知る事のなかった情報や遊びが加わり、いつしか我が国伝統文化や遊びもすっかり肩身が狭くなってしまった。子どもの遊びスタイルも変わり、それまでの集団遊びや異年齢の縦型世代の遊びが急激に減少したと共に、テレビが普及した昭和中期以降は、人気番組の時間帯は外で遊んでいる子どもの姿がなくなるような室内型の過ごし方に変化した。

　更には、一人遊びも増えテレビゲームからポケット型ゲーム、そしてコンピュータゲームやスマホゲームへと指と目を使う遊びが増え、伝承遊びをしなくても困る事もなく、道路も整備され車社会も進んだ事により、子ども達が安全に遊ぶ場も制限されてしまった。子ども達がちょっと変わった遊びをしていたり、騒いだりしていると、近所の人に怒鳴り込まれ遊びを止めざるを得なかったりするような事を、筆者自身多く見聞きした。

　昭和中期以降その変化した遊びの中で幼少期を過ごした世代、次第に伝承遊びをあまり体験しないで成人した人達は、正に現在還暦を過ぎているのである。かく言う筆者自身もその時代を生きてきたのだが。

　つまり、伝承遊びを体験している人が少ないのだから技能も情報も伝承出来る人も少なくなっているという訳で、伝承遊びと言われながら伝承出来ないのは至極当然である。

　筆者自身昭和５３年に小学校教員に採用され、学校で昔遊びを教える機会も増える中、平成に入ると体育の学習内容に竹馬が入った事は、とても嬉しかったのを覚えている。何しろ我が国の伝統文化として何百年も続く竹馬遊びが体育科の学習内容に加えられたのであるから。

　昔遊びには創意工夫や発想の転換、練習の積み重ねや努力が必要であり、上下関係や友人との交流や教え合い、勝敗や駆け引き等の精神的な成長発達が期待出来ると共に、技能や技術も無限にあり目標を持って発展技にも挑戦し続けられる。それらの体験や経験が成人後の仕事や生き方にも活きると考えられる。

　しかしながら、昭和・平成・令和にもこと竹馬に限っては体育科の教材としての参考文献もないままで今以て本書のような竹馬に特化した本が何故ないのか不思議でならない。

　本書を書き進める事を通して、筆者自身竹馬の持つ魅力や素晴らしさを再認識すると共に、日本人である事を強く自覚する機会ともなった。いにしえの先人達が残した遊びや文化遺産を、後生に残すのは我々の責務でもある。

　本書では、昭和後期の発祥とされる三角竹馬も取り上げたが、これについてはまだまだ研究半ばであり、どんな状況で何をヒントにどんな偶然から生まれたものなのか等、技術の開発を含め、更に追究し明らかにしていきたい。

　古くて新しい伝承遊びの竹馬が、世界に誇れる体育教材やスポーツ竹馬としての可能性は、まだまだ未知数である。

　このように竹馬は、我が国独自の素晴らしい運動遊びの文化財として、また運動健康用具として更に多くの実践者や研究者が深く研究を進めてイノベーションさせ、竹馬の輪が世に広まる事を期待したい。
　この竹馬の書が、我が国の伝承遊びや小学校の体育教材等として貢献出来れば幸いである。

　最後になりましたが、本書作成にあたり演技モデルとして忙しい中学校生活の中、練習を重ねて準備いただき、撮影協力や多くの注文に快く応えていただいた猪狩さんとそのご家族のご理解やご協力なしにはとても完成に漕ぎ着ける事は難しく、感謝の気持ちでいっぱいです。

　また、本書発刊にあたり体育・スポーツ的見地から適切なご意見をいただいた日本体育大学副学長水野増彦先生、完成まで複数回にわたる校正を経て、立派な本を製作いただいた出版社の皆様方全てに感謝いたします。

著　　者

＜ 主な参考文献・引用資料等 ＞

小学校学習指導要領 体育科編
文部科学省 （東出書房　平成元年・平成 11 年・平成 20 年・平成 29 年）

東洋大学 学術情報リポジトリ 竹馬の操作方法と歩行文化との関係　日本とヨーロッパとの比較を通して
谷釜 尋徳（2009 年 7 月 1 日）

愛知教育大学　幼児教育研究 17 号　竹馬活動における運動嫌いの幼児の変化
想厨子伸子（2011 年）

椙山女学院大学　文化情報学部紀要　日本人の歩き方
山根一郎（年不詳）

奈良工業高等専門学校　研究紀要 第 46 号　日本人の「歩行形態」に関する研究
木寺　英史（2010 年）

童遊文化史　第 3 巻・別巻
半澤　敏郎　東京書籍（昭和 56 年 6 月）

健康と体力　第一法規　伝承遊び紹介　たけうま・たけうまのわざ（1）（2）
太田 昌秀（順天堂大学　昭和 5 7 年）

体育の教科書
下山　真二（山と渓谷社　2008 年 4 月）

みんなであそぼう校内あそび 1　一輪車・竹馬
嶋野　道弘（ポプラ社　2000 年 4 月）

運動ができるようになる本 5　一輪車に乗れる！「一輪車・竹馬・自転車」
水口　高志（ポプラ社　2011 年 4 月）

長崎県体力向上委員会　竹馬進級カード
（年代不明）

＜ 報道資料 ＞

新聞　この指とまれ　伝承遊び　2006 年 7 月 9．16 日　朝日新聞　藤田　由仁
映像 偉人たちの健康診断「現代医学で読み解く“忠臣蔵”」ＮＨＫ　2018 年 12 月
映像 偉人たちの健康診断　歴史に学ぶ健康法「源　義経」ＮＨＫ　2020 年　5 月
映像 偉人たちの健康診断　歴史に学ぶ健康法「織田信長」ＮＨＫ　2020 年　6 月
映像　先人たちの底力　知恵泉 選「忍者に学ぶ生きる知恵 その一、その二」ＮＨＫ　2020 年 9 月

著者／齋藤 仁（さいとう　ひとし）
1955 年（昭和 30 年）福島県いわき市生まれ。
日本体育大学体育学部卒業。
福島県公立小学校長、中学校長、公立幼稚園長を歴任。
2018 年より日本体育大学（教育実習担当）特別教授。
全国学校体育功労賞、福島県学校体育功労賞受賞、国際なわとび競技選手権大会や全日本なわとび競技選手権大会に於いて、国際大会優勝 3 回、全日本総合優勝 7 回、全日本年齢別優勝 21 回の経歴がある。
なわとび国際審判員、なわとび縄王位、名人位取得。
また、アジアマスターズ陸上競技選手権大会や全日本マスターズ陸上競技選手権大会で 100 mH、300 mH、400 mH で入賞経験がある。
長年多くの伝承遊びやジャグリング種目を研究し、お手玉名人位、竹馬名人位、日本けん玉協会けん玉道 2 段取得。
幼稚園、保育所、福祉施設、小・中学校、教育機関等でなわ跳びを含め、伝承遊びやジャグリングを数多く指導。
主な著書『なわ跳び練習百科』（2020 叢文社）他

撮影協力／猪狩 華恋（いがり　かれん）
福島県いわき市立泉中学校 3 年生（撮影当時）。
福島県南相馬市小高区生まれ。
福島県いわき市立泉北小学校時代の第 6 学年次に著者と出会い、校内特別活動の「一輪車・竹馬クラブ」に所属し、小学校卒業までの 1 年間竹馬や一輪車に取り組んだ。竹馬や一輪車に強く興味を示し、卓越した運動センスと抜群のバランス感覚を持ち、20 回のクラブ練習時間、約 10 ケ月足らずで「竹馬進級カード」の初級から上級まで全ての動きや技を習得した。更に、今回著者と共に竹馬や三角竹馬の新技を数多く開発した。著者 37 年間の教職員時代指導した多くの児童生徒の中で、全ての技をクリアした唯一無二の児童であった事から、撮影協力を得た。

たけうまれんしゅうひゃっか
竹馬練習百科

発　行：2021 年 12 月 1 日　初版第 1 刷

編　著：齋藤　仁
発行人：佐藤　由美子
発行元：株式会社 叢文社
　　　　〒112-0014
　　　　東京都文京区関口 1-47-12 江戸川橋ビル
　　　　TEL　03-3513-5285
　　　　FAX　03-3513-5286

編　集：佐藤　公美
印　刷：株式会社 丸井工文社

ISBN978-4-7947-0832-8

付録・進級カード

コピーしてご使用ください

三 角 竹 馬 の 技 進 級 カ ー ド (1)

所属 _____　　　　　　年　　組　名前 _____

【 初級・中級コース 】　　※ 38～35級 初級　　34～18級 中級

級	技　名	乗 り 方 ・ 行 い 方	確認
38	前方両手持ち補助者付け乗り　　10m	両手で持ち、補助してもらい前に10m進むことができる	
37	前方片手持ち補助者付け乗り　　10m	どちらか片手で持ち、補助してもらい前に10m進むことができる　※　途中で手を交代してもよい	
36	前方両手持ち　5歩	両手で持ち、前に5歩進むことができる	
35	前方片手持ち　5歩	どちらか片手で持ち、前に5歩進むことができる	
34	前方両手持ち　5m	両手で持ち、前に5m進むことができる	
33	前方片手持ち　5m	どちらか片手で持ち、前に5m進むことができる	
32	前方両手持ち 10m	両手で持ち、前に10m進むことができる	
31	前方片手持ち 10m	どちらか片手で持ち、前に10m進むことができる	
30	前方片手持ち5m持ち替え　　　　10m	5mずつ左右の持つ手を替えて、前に10m進むことができる（左右どちらから始めてもよい）	
29	後方両手持ち　5歩	両手で持ち、後ろに5歩進むことができる	
28	後方片手持ち　5歩	どちらか片手で持ち、後ろに5歩進むことができる	
27	後方両手持ち　5m	両手で持ち、5m後ろに進むことができる	
26	後方片手持ち　5m	どちらか片手で持ち、5m後ろに進むことができる	
25	後方両手持ち 10m	両手で持ち、10m後ろに進むことができる	
24	後方片手持ち 10m	片手で持ち、10m後ろに進むことができる	
23	後方片手持ち5m持ち替え　　　　10m	5mずつ左右の持つ手を替え、後ろに10m進むことができる	
22	前方両足同時跳び乗り片手持ち　　10m	片手で持ち、両足同時に跳び乗り前に10m進むことができる	
21	その場小刻み前方一回転・左右連続	小刻みに少しずつ回り、左右それぞれ360度一回転を連続してできる　※ 持ち手は両手でもどちらか片手でもよい	
20	前方背面乗り 10m	両手または、どちらか片手で乗り、前に10m進むことができる	
19	後方背面乗り 10m	両手または、どちらか片手で乗り、後ろに10m進むことができる	
18	背面乗りその場小刻み前方一回転・左右連続	背面で乗りながら小刻みに左右それぞれに、前から360度一回転を連続してできる	

三角竹馬の技進級カード（2）

所属 _____　　年　組　名前 _____

【 上級コース 】　　※ 17〜15級 中級　　14級〜上級

級	技　名	乗 り 方 ・ 行 い 方	確認
17	背面乗りその場前方180度半回転2回連続	背面で乗りながら、180度（半回転）ハーフターンを、前方に2回できる　※ 途中アイドリングや調整を入れてもよい	
16	前方片手クロス持ち10m	片方の手をクロスして持ち、前に10m進むことができる	
15	後方片手クロス持ち10m	片方の手をクロスして持ち、後ろに10m進むことができる	
14	前方片手クロス持ち5m持ち替え　10m	片方の手をクロスして持ち、5m進んだら反対の手で持ち替えてさらに5m、合計10m前に進むことができる	
13	後方片手クロス持ち5m持ち替え　10m	片方の手をクロスして持ち、5m進んだら反対の手で持ち替えてさらに5m、合計10m後ろに進むことができる	
12	前方両手クロス持ち10m	持つ手を両手クロスさせて乗り、前に10m進むことができる	
11	後方両手クロス持ち10m	持つ手を両手クロスさせて乗り、後ろに10m進むことができる	
10	前方180度半回転（ハーフターン）2回連続	180度半回転（ハーフターン）を左右どちらからでも2回連続してできる　※ 途中アイドリングや調整を入れてもよい	
9	前方両手持ち両足同時ジャンプ　　10m	両手で持ち、両足同時ジャンプしながら前に10m進むことができる	
8	後方両手持ち両足同時ジャンプ　　10m	両手で持ち、両足同時ジャンプしながら後ろに10m進むことができる	
7	前方両手持ち・片足中央乗り　　10m	両手で持ち、竹馬の中央にどちらか片足で乗り、前に10m進むことができる	
6	後方両手持ち・片足中央乗り　　10m	両手で持ち、竹馬の中央にどちらか片足で乗り、後ろに10m進むことができる	
5	前方手放し乗り10m	両足を乗せて、持っている手を放し、お腹を中心にして支えながら手放しでバランスを取り、前に10m進むことができる	
4	前方内側外側乗り10m	片方を内側に、もう一方を外側に乗り、前に10m進むことができる	
3	後方内側外側乗り10m	片方を内側に、もう一方を外側に乗り、後ろに10m進むことができる	
2	前方内側両足乗り10m	内側に両足で乗り、前に10m進むことができる	
1	後方内側両足乗り10m	内側に両足で乗り、後ろに10m進むことができる	
名人	前方乗りその場180度向き替え背面乗り	竹馬に乗ったまま、持ち手や足を移動しながら前（正面）から背面に180度半回転して向き替えて乗ることができる　※ 左右どちらからてもよい、また途中アイドリングや調整を入れてもよい	

竹 馬 の 技 進 級 カ ー ド　（１）

所属 _____　　年　　組　　名前 _____

【 初級 ・ 中級 】　※ ２５～２０級 初級　　１９～１０級 中級

級	技 名 ・ 動 き	乗　　り　　方　　・　　行　　い　　方	確認
25	前方両手持ち乗り越し歩き１０ｍ（竹馬一本）	一本の竹馬を両手で握って片足を乗せ、片方は地面で歩き、片方は竹馬に乗り越しながら、歩いて１０ｍ前に進む	
24	前方片手持ち乗り越し歩き１０ｍ（竹馬一本）	一本の竹馬を片手で持って片足を乗せ、片方は地面で歩き、片方は竹馬に乗り越ながら、歩いて１０ｍ前に進む	
23	前方補助足付け乗り１０ｍ	竹馬の足乗せの下部分に補助足を付け、前に１０ｍ進むことができる	
22	前方両手補助者付け乗り　　　１０ｍ	両手で補助してもらい、前に１０ｍ進むことができる	
21	前方片手交換補助者付け乗り　１０ｍ	５ｍずつ左右の手を交換して補助してもらい、前に１０ｍ進むことができる	
20	前方乗り　５歩	自分で乗って、前に５歩進むことができる	
19	前方乗り　５ｍ	自分で乗って、前に５ｍ進むことができる	
18	前方乗り　１０ｍ	自分で乗って、前に１０ｍ進むことができる	
17	側方乗り５ｍ横移動左右１往復（計１０ｍ）	乗ってから、カニのように横（サイドステップ）左５ｍ、右５ｍ、往復（おりかえし）して歩くことができる	
16	後方乗り　１０ｍ	乗ってから、後ろに１０ｍ進むことができる	
15	その場足踏み３６０度一回転・左右連続	その場で小さく足踏みをしながら、右に一回転３６０度、左に一回転３６０度を、連続して回ることができる　※ どちらからでもよい	
14	前方内側向け乗り　　　　１０ｍ	竹馬の足乗せを内側に向けて乗り、前に１０ｍ進むことができる	
13	前方外側向け乗り　　　　１０ｍ	竹馬の足乗せを外側に向けて乗り、前に１０ｍ進むことができる	
12	前方ツーステップ乗り　　　１０ｍ	ツーステップをしながら、前に１０ｍ進むことができる	
11	前方スキップ乗り　　　　１０ｍ	スキップをしながら、前に１０ｍ進むことができる	
10	両足同時跳び乗り・前方腕伸ばし乗り　　　１０ｍ	竹馬に両足同時に跳び乗り、肘を曲げずに腕を伸ばして竹馬を持ちながら前に１０ｍ進むことができる	

竹 馬 の 技 進 級 カ ー ド （２）

所属　＿＿＿＿＿＿＿＿＿　　　年　　　組　　名前　＿＿＿＿＿＿＿＿＿＿＿＿

【 上級 ・ マスター 】　　※ ９〜１級 上級　　特級〜名人 マスター

級	技 名・動 き	乗 り 方・行 い 方	確認
9	その場竹たたき・竹すり（連続１０回）	その場で動かずに、左右の竹馬で竹たたきか竹すりが、連続１０回できる	
8	前方障害物またぎ（１往復）	平均台をまたぎ、向きを変えてもう一度またいで（往復）元に戻ることができる（３０㎝ミニハードル等でもよい）	
7	その場３６０度一回転ターン（左右連続）	その場で、片足の竹馬を軸にして、右３６０度一回転と、左３６０度一回転ターンを連続することができる　※ 途中アイドリングや調整を入れてもよい	
6	前方腕交差乗り　１０ｍ	乗ってから竹馬を持ち替え、腕を交差して前に１０ｍ進み、手を元に戻して終わることができる	
5	前方片足一本乗り　１０ｍ	両手で一本の竹馬を持ち、ケンケンしながら、前に１０ｍ進むことができる（左・右どちらも行う）	
4	前方片側背面乗り　１０ｍ	一本はふつうに、もう一本は反対前向きにして乗り、前に１０ｍ進むことができる（左右どちらも行う）	
3	前方足内側背面乗り　１０ｍ	足かけを反対前向きにして二本の竹馬の内側から外側に乗り、１０ｍ進むことができる	
2	前方足外回し背面乗り　１０ｍ	足かけを反対前向きにして竹馬の外側から足を巻き付けるように回して背面で乗り、前に１０ｍ進むことができる	
1	前方背面乗り　１０ｍ	足かけを反対前向きにして背面に構えて乗り、前に１０ｍ進むことができる	
特級	竹馬片方かつぎ乗り　１０跳躍	乗ってから、片方の竹馬を肩にかつぎ、そのまま１０回ケンケンしてから、下ろして乗ることができる（左右どちらも行う）	
達人	その場片足中刺し入れ・戻し乗り	一方の竹馬の手と足乗せの間にもう一方の竹馬を中に入れてから元に戻すことができる（左右どちらの足でも行う）	
名人	物 拾 い	竹馬に乗ったまま、下に置いてある帽子などを拾って、もとの姿勢に戻ることができる	

＜ 実施上の注意 ＞
○　周りに注意して、３ｍ以上はなれて安全に練習しましょう。
○　自分の体に合った竹馬を使いましょう。
○　順番通りに挑戦して進みます。　くじけずに、あきらめないで練習しましょう。
○　もし先にできた技があったらそこに印を付けて、後からできなかった技を練習してできるようにして、すべてつなぎましょう。
○　認定は、つながった最後の技です。